GW00836132

INIS DOM 3

Liam Breatnach

Gill & Macmillan

Gill & Macmillan Ltd
Ascaill Hume
An Pháirc Thiar
Baile Átha Cliath 12
agus cuideachtaí comhlachta ar fud an domhain
www.gillmacmillan.ie

© Liam Breatnach 2001
ISBN-13: 978 07171 3188 4
ISBN-10: 0 7171 3188 2
Léaráidí: Aislí Madden
Dearadh le Design Image, Dublin
Clóchuradóireacht bunaidh arna déanamh in Éirinn ag Carole Lynch

Rinneadh an páipéar atá sa leabhar seo as laíon adhmaid ó fhoraoisí rialaithe. In aghaidh gach crann a leagtar cuirtear crann amháin eile ar a laghad, agus ar an gcaoi sin déantar athnuachan ar acmhainní nádúrtha.

ADMHÁLACHA

Ba mhaith leis na foilsitheoirí a mbuíochas a ghabháil leis na heagraíochtaí agus leis na daoine seo a leanas as cead a thabhairt dóibh dánta atá faoi chóipcheart a atáirgeadh sa leabhar seo:

Cló Iar Chonnachta maidir le 'An Fómhar' le Gabriel Fitzmaurice; agus Nóríde Ní Mhuimhneacháin maidir le 'Bláthanna'.

Beidh na foilsitheoirí sásta socruithe cuí a dhéanamh le haon sealbhóir cóipchirt nach raibh fáil air a dhéanann teagmháil leo tar éis fhoilsiú an leabhair.

RÉAMHRÁ

Comhrá ranga, comhrá beirte, comhrá baile, cleachtaí éisteachta, scéalta, drámaí agus dánta taitneamhacha, tomhais, rabhlóga agus seanfhocail — tá siad go léir sa leabhar seo. Cloíonn na scéalta go dlúth leis na téamaí atá aitheanta i gCuraclam na Gaeilge .i. *Mé Féin, Sa Bhaile, An Scoil, Bia, An Teilifís, Siopadóireacht, Caitheamh Aimsire, Éadaí, An Aimsir* agus *Ócáidí Speisialta.* Cuirfidh na cleachtaí céanna gnéithe éagsúla den éisteacht, den labhairt, den léitheoireacht, den scríbhneoireacht agus den ghramadach chun cinn ar bhonn comhtháite.

Sna ceachtanna athbhreithnithe déantar dul siar ar a bhfuil déanta ag an rang, trí mheán na scéalaíochta is na drámaíochta. Tá thar nócha faoin gcéad den fhoclóir agus de fhrásaí na scéalta agus na ndrámaí sin feicthe ag na daltaí sna ceachtanna atá léite go dtí seo. Méadóidh sin, go bhfios dom, a sult is a suim sna scéalta céanna. Daingneoidh siúd an foclóir, na frásaí agus an comhrá atá foghlamtha acu go nuige seo.

Séard atá ar an dlúthdhiosca a ghabhann leis an leabhar ná, scéalta, sceitsí, dánta is tascanna éisteachta. Tá script na gcleachtaí éisteachta le fáil sa leabhrán, Scéimeanna Bliana Rang (I–VI). D'fhéadhfadh an t-oide ceann díobh seo a léamh fad atá dalta ag éisteacht leis/léi agus ag féachaint ar phictiúr nó ar shraith phictiúr atá bunaithe air. Cuideoidh na cleachtaí líníochta is scríbhneoireachta le cumas ealaíne is scríbhneoireachta an dalta a fhorbairt.

CLÁR

Comhrá: Inis dom fút féin.
Cad is ainm duit? Cén aois thú?
An bhfuil deartháir/deirfiúr agat?
An bhfuil peata agat? Cén rang ina bhfuil tú?
Cá bhfuil Luas/Eoin/Ciara/Licí?

1 Dathaigh an tolg agus an doras.

Mise Ella

1 Eoin is ainm dom.

2 Tá mé naoi mbliana d'aois.

3 Tá deirfiúr agam.

4 Ciara is ainm di (*dó boy*)

5 Tá madra agus cat agam.

6 Tá mé i rang a trí.

7 Ní maith liom an scoil.

Litriú

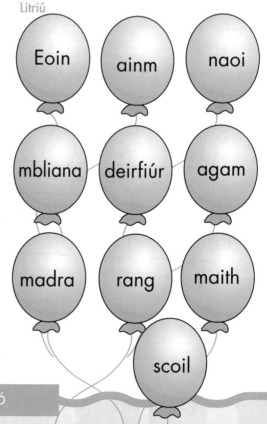

2 Ceisteanna

1 Cad is ainm duit?
2 Cén aois thú?
3 Cén rang ina bhfuil tú?
4 An bhfuil tú i rang a dó?
5 An bhfuil deirfiúr agat?

Comhrá beirte/Comhrá baile

3 Cuir ceist ar do chara.

Tá mé ☐ mbliana d'aois.

Tá mé ☐ bliana d'aois.

Tá mé ☐ bliana d'aois.

Tá mé ☐ mbliana d'aois.

5 **(a) Le foghlaim:**

① Tá srón orm.

② Tá béal orm.

③ Tá aghaidh orm.

④ Tá smig orm.

⑤ Tá cluasa móra orm.

⑥ Tá muineál fada orm.

⑦ Tá gruaig rua orm.

(b) Cuir na focail in ord.

1. rua orm gruaig Tá
1. Tá ~~gruaig~~ rua orm .

2. cluasa orm Tá móra
2. Tá cluasa móra orm .

3. fada Tá orm muineál
3. Tá muineál fada orm .

4. srón orm Tá
4. Tá srón orm .

5. orm smig Tá
5. Tá smig orm .

6 Rabhlóg

Tá gruaig fhada rua ar an róbat ramhar.

Tarraing pictiúr den róbat agus dathaigh.

Mé Féin

Comhrá:	Inis dom faoin seomra folctha.
	Céard atá ar an tseilf?/ar an mballa?/ar an urlár?
	Céard atá ar Eoin/ar an ráille tuáillí?
	Cá bhfuil Licí?

1 **Dathaigh an chulaith oíche, an tuáille agus an mata.**

scáthán

scuab ghruaige

cíor

culaith oíche

tuáille

mata

Pass

He gets

Litriú

Eoin sa seomra folctha

1 D'éirigh Eoin ar a hocht a chlog maidin inné.
2 Shiúil sé isteach sa seomra folctha.
3 Dhún sé an doras.
4 Nigh sé a aghaidh.
5 Fuair sé an tuáille.
6 Thriomaigh sé a aghaidh.
7 Fuair sé an taos fiacla.
8 Tharraing sé pictiúr de Luas ar an scáthán leis an taos fiacla.
9 Bhí áthas ar Eoin ansin.

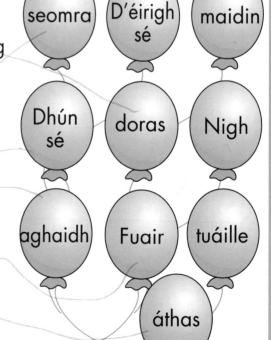

seomra · D'éirigh sé · maidin · Dhún sé · doras · Nigh · aghaidh · Fuair · tuáille · áthas

2 Ceisteanna

Ar shiúil?	{	Shiúil
		Níor shiúil

1 Ar shiúil Eoin isteach sa seomra folctha?
2 Ar shiúil Eoin isteach sa chistin?
3 Ar dhún sé an doras?
4 Ar nigh Eoin a aghaidh?
5 Céard a fuair Eoin?
6 Ar tharraing sé pictiúr de Chití?

3 Éist agus tarraing

CD Rian 2

6 Tomhas

Tá sé sa seomra folctha agus tosaíonn sé leis an litir 't'.
Cad é?

Tuáille

Cuir ceist ar do chara.

A

B

1 Ar dhún tú an doras inné?

1 Dhún mé an doras inné.

2 Ar dhún Eoin an doras inné?

2 Níor dhún Eoin an doras inné.

3 Ar ghlan tú an bord inné?

3 Ghlan mé an bord inné.

4 Ar ghlan tú an bord inné?

4

6 **(a) Le foghlaim:**

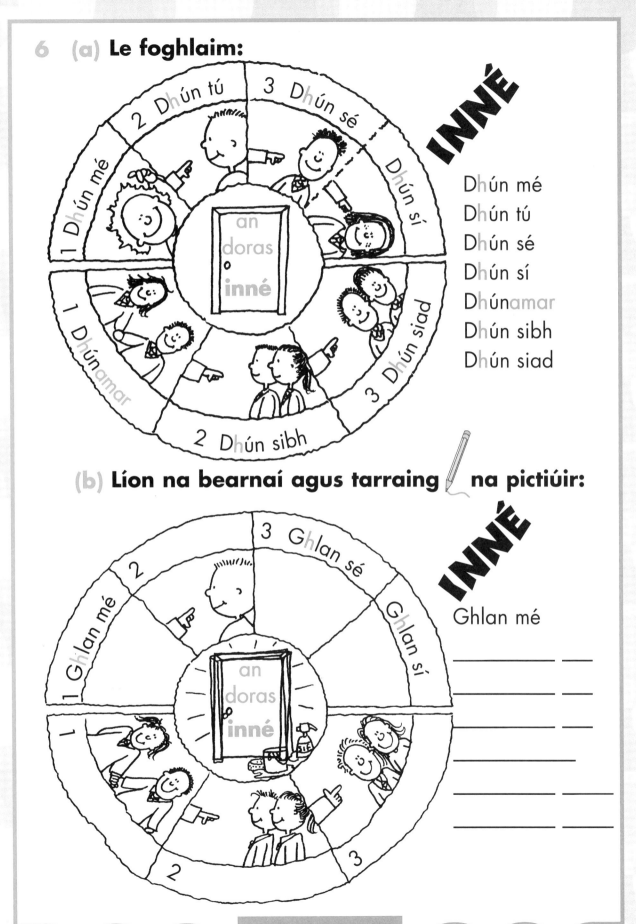

INNÉ

Dhún mé
Dhún tú
Dhún sé
Dhún sí
Dhúnamar
Dhún sibh
Dhún siad

(b) Líon na bearnaí agus tarraing na pictiúir:

INNÉ

Ghlan mé

_____

_____

_____

_____

_____

7 **(a) Le foghlaim:**

cluasa	isteach	lámha	súile	Thriomaigh
	tuáille	Shiúil	doras	

(b) Líon na bearnaí sa scéal:

Máire sa seomra folctha

1   Shiúil Máire _____ sa seomra folctha.

2   Nigh sí a _____ agus a _____ .

3   Nigh sí a _____ freisin.

4   Fuair sí an _____ .

5   _____ sí a cluasa agus a lámha.

6   _____ sí isteach sa _____

    codlata agus dhún sí an _____ .

8   **Rabhlóg**

Ghlan Fiachra a fhiacla le taos fiacla.

9   **Éist** **leis** an dán 'Táim Laidir' (lch 126)   CD Rian 3

CEACHT 3

Comhrá beirte/Comhrá baile

1 **Cuir ceist ar do chara.**

A

B

Comhrá: Inis dom faoin seomra codlata.
Cad tá ar an leaba?/ar an ruga?/ar an urlár?/
ar an mballa?/sa vardrús?
Cad a rinne Luas?
Cá bhfuil Licí?

2 Dathaigh an pictiúr, an vardrús agus na cuirtíní.

cuirtíní   seaicéad

vardrús

pictiúr

piliúr

bróga

braillín

slipéir   ruga

Luas an rógaire

1 Bhí Ciara sa seomra folctha.
2 Shiúil Luas isteach sa seomra codlata.
3 Chonaic sé stocaí ar an gcathaoir.
4 Chuir sé na stocaí air.
5 Ansin chuir sé léine air.
6 Rinne sé poll sa léine.
7 Shiúil Ciara isteach sa seomra codlata.
8 Chonaic sí Luas. Bhí fearg uirthi.
9 "Is maith liom do léine," arsa Luas agus rith sé amach an doras.

Litriú

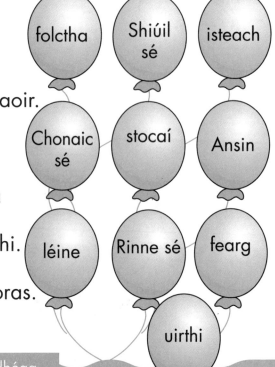

folctha   Shiúil sé   isteach

Chonaic sé   stocaí   Ansin

léine   Rinne sé   fearg

uirthi

3 Ceisteanna

An bhfaca? { **Chonaic**

Ní fhaca

1 Cá raibh Ciara?
2 Cár shiúil Luas?
3 An bhfaca Luas léine?
4 An bhfaca Luas cupán?
5 Cad a rinne Luas sa léine?

4 Féach ar an bpictiúr agus líon na bearnaí.

1 Tá _____ sa vardrús.

2 Tá _____ ar an mballa.

3 Tá _____ ar an leaba.

4 Tá _____ ar an ruga.

5 Tá _____ sa vardrús.

5 Éist CD Rian 4

1 An raibh an gúna ar an leaba?

1 _____.

2 An raibh na bróga ar an leaba?

2 _____.

3 Ar chuir Cití stocaí uirthi?

3 _____.

4 An raibh Ciara an-chrosta?

4 _____.

6 **(a) Le foghlaim:**

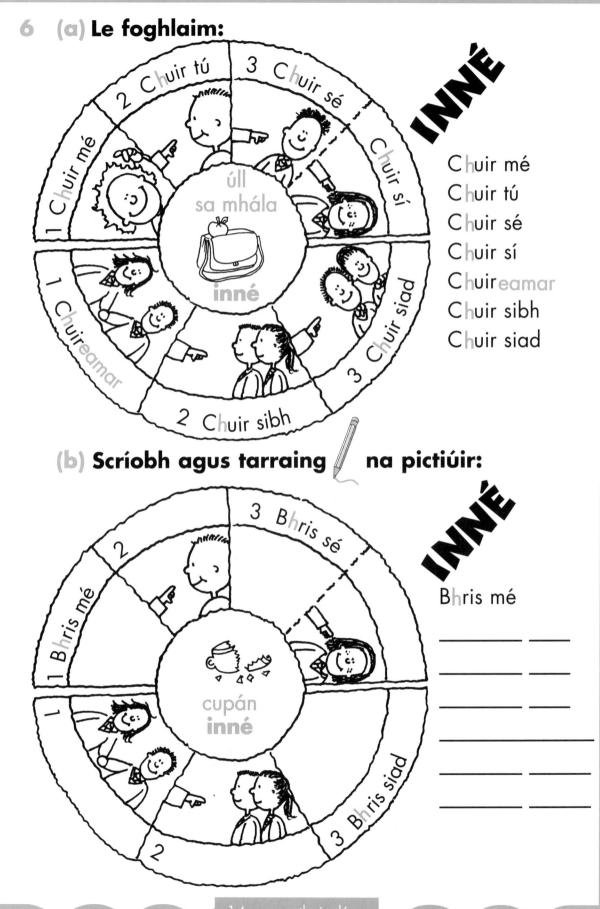

Chuir mé
Chuir tú
Chuir sé
Chuir sí
Chuireamar
Chuir sibh
Chuir siad

(b) Scríobh agus tarraing na pictiúir:

Bhris mé

_____ _____

_____ _____

_____ _____

_____ _____

_____ _____

_____ _____

7 **(a)** **Le foghlaim:**

| léine | Chonaic | gcathaoir | seomra | poll | fearg |

(b) **Líon na bearnaí sa scéal:**

Luas agus an léine

1 Bhí Luas sa _____ codlata.

2 Chonaic sé _____ Eoin.

3 Bhí sé ar an _____ .

4 Chuir sé an _____ air.

5 Rinne sé _____ sa léine.

6 _____ Eoin an _____ .

7 Bhí _____ air.

8 **Rabhlóg**

Chonaic Luas cnónna agus cnámha sa chonchró.

Sa Bhaile

Comhrá: Inis dom faoi phictiúr a haon.
Cé atá ina shuí?
An bhfuil sé ag léamh/ag scríobh?
Cá bhfuil Licí/an ruga?
Céard atá i láimh Eoin? leabhragán = bookcase

1 **Dathaigh pictiúr a haon agus pictiúr a ceathair.**

Daideo

cathaoir uilleann

leabhragán

luch

fón

ina shuí

Litriú

Eoin bocht

1   Bhí seanathair Eoin ag ól tae.
2   Shiúil Eoin go dtí an leabhragán.
3   Bhí Licí, an luch ar an tseilf.
    Ní fhaca Eoin í.
4   Léim sí ar láimh Eoin.
5   Bhain sí geit as Eoin agus
    thit sé.
6   "Is maith liom bheith ag
    súgradh," arsa Licí.
7   Rith sí isteach sa pholl.
8   "Ó, is fuath liom lucha," arsa Eoin
    agus é ina shuí ar an urlár.

seanathair | Shiúil sé | leabhragán

Ní fhaca | Léim sí | Bhain sí

ag súgradh | fuath | ina shuí

urlár

2 Éist  agus scríobh an focal 'ceart' nó 'mícheart'
CD Rian 5

1 _____   2 _____   3 _____

4 _____   5 _____   6 _____

3. **(a) Le foghlaim:**

Rith an luch isteach sa pholl.

(b) Líon na bearnaí:

1 Chuir Seán leabhar sa (bosca) _____ inné.

2 Chonaic mé banana sa (mála) _____ inné.

3 An raibh tae sa (cupán) _____ inné?

4 "Cé atá sa (carr) _____?" arsa Daidí.

5 Shiúil Íde isteach sa (gairdín) _____ inné.

6 D'fhág mé mo lón sa (baile) _____.

4 **Cuir ceist ar do chara.**

A

B

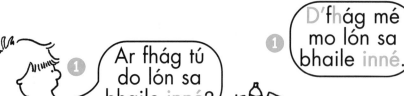

1 Ar fhág tú do lón sa bhaile inné?

1 D'fhág mé mo lón sa bhaile inné.

2 Ar fhág tú do leabhar ar scoil inné?

2 Níor fhág mé mo leabhar ar scoil inné.

3 Ar ól tú bainne inné?

3 D'ól mé bainne inné.

4 Ar ól tú oráiste inné?

4 Níor ól mé oráiste inné.

5 (a) Le foghlaim:

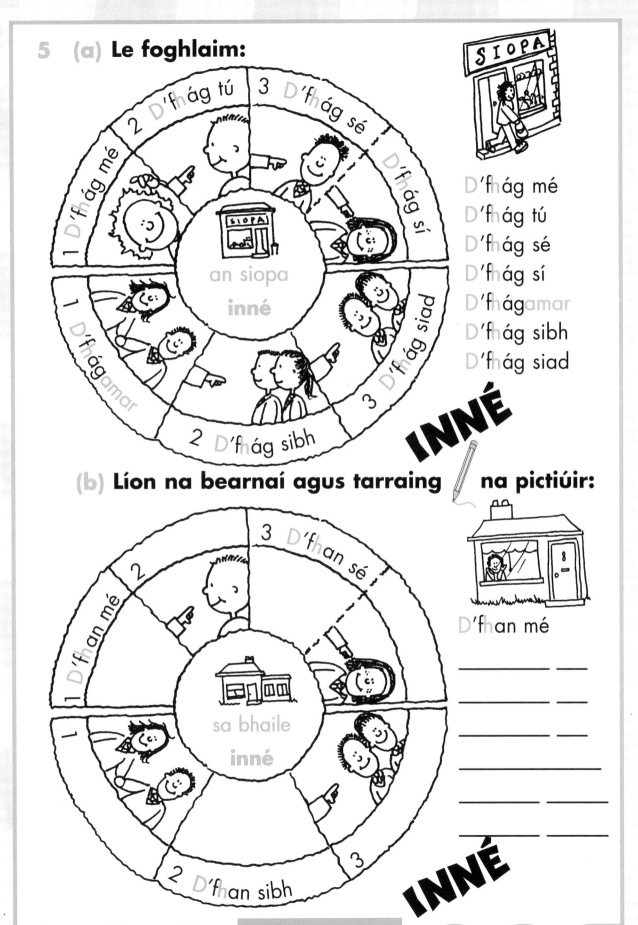

D'fhág mé
D'fhág tú
D'fhág sé
D'fhág sí
D'fhágamar
D'fhág sibh
D'fhág siad

D'fhág mé
2 D'fhág tú
3 D'fhág sé
D'fhág sí
D'fhágamar
an siopa
inné
2 D'fhág sibh
3 D'fhág siad

INNÉ

(b) Líon na bearnaí agus tarraing na pictiúir:

2
3 D'fhan sé
1 D'fhan mé
sa bhaile
inné
1
2 D'fhan sibh
3

D'fhan mé

_____
_____
_____
_____
_____

INNÉ

ar an tseilf

lampa

 Luas agus Cití   CD Rian 6

Bhí Luas agus Cití sa seomra suí.
Bhí siad ina suí ar an tolg.
Bhí siad ag féachaint ar an teilifís.
"Tá tart orm," arsa Luas.
"Agus tá ocras orm," arsa Cití.
"An bhfuil bainne sa chistin?" arsa Luas.
Shiúil Cití isteach sa chistin.
Léim sí ar an mbord.
Chonaic sí an crúiscín ar an mbord.
D'fhéach sí isteach sa chrúiscín.
"Ó, tá a lán bainne sa chrúiscín," arsa Cití.

tolg	ag féachaint	teilifís	crúiscín	D'fhéach sí

teilifíseán

pianó

Shiúil Luas isteach sa chistin, freisin.
Shiúil sé go dtí an cófra.
D'oscail sé an doras.
"Tá paicéad brioscaí sa chófra," arsa Luas.
Chuir sé an paicéad brioscaí ar an ruga sa seomra suí.
Fuair Cití dhá chupán bainne.
Thosaigh siad ag ithe agus ag ól.
Bhí áthas orthu.
Ní raibh Licí ag gáire. Bhí tart agus ocras uirthi.
Ní raibh bainne, brioscaí ná cáis aici.
Licí bhocht!

| Shiúil | sa chistin | D'oscail sé | paicéad brioscaí |

 Peata CD Rian 7

Síle: Dia duit, a Eoin.

Eoin: Dia is Muire duit, a Shíle.

Síle: Conas tá tú?

Eoin: Tá mé go maith, buíochas le Dia.

Síle: An bhfuil peata agat?

Eoin: Tá. Tá madra agam. Luas is ainm dó.

Síle: Cén aois é?

Eoin: Tá sé seacht mbliana d'aois.

Síle: Céard a itheann sé?

Eoin: Itheann sé feoil agus prátaí.

Síle: An maith leat é?

Eoin: Is maith liom é cinnte.

feoil	prátaí	cinnte

1

(a)

Ná déan dearmad

INNÉ

Dhún mé	Chuir mé
Dhún tú	Chuir tú
Dhún sé	Chuir sé
Dhún sí	Chuir sí
Dhúnamar	Chuireamar
Dhún sibh	Chuir sibh
Dhún siad	Chuir siad

(b) Líon na bearnaí:

Ghlan mé   Bhris mé

_____ tú   _____ ___

_____ ___   _____ ___

_____ sí   _____ sí

_____   _____

_____ ___   _____ ___

_____ ___   _____ ___

(c) Ciorclaigh na focail:

srón
cluasa
cupán
oráiste
tuáille
leabhar
doras
lámh
seomra

á	c	u	p	á	n	r	d	é
m	b	ó	f	d	e	ó	u	s
t	r	l	e	a	b	h	a	r
u	d	á	r	i	b	c	i	ó
á	t	m	g	d	n	l	d	n
i	m	h	á	e	p	u	h	c
l	e	t	d	o	r	a	s	h
l	r	o	r	á	i	s	t	e
e	s	e	o	m	r	a	s	l

An Luchín

Bhí luchín sa pholl
Is bhí sí ag faire;
Bhí Seán ag ól
Is bhí Peigí ag gáire.

Chas Seán a cheann
Is thosaigh ag crith;
Chonaic sé rud donn
Ag stad is ag rith.

Bhéic Seán, bhéic Peigí
Is stad an luchín;
Chas sí is rith sí
I dtreo a teachín.

Comhrá beirte/Comhrá baile

1 Cuir ceist ar do chara.

A

B

1 An bhfuil cead agam bioróir a fháil?

1 Tá cead agat bioróir a fháil.

2 An bhfuil cead agam scriosán a fháil?

2 Tá cead agat scriosán a fháil.

3 An bhfuil tú i do shuí?

3 Tá mé i mo shuí.

4 An bhfuil Ciara ina suí?
5 An bhfuil Eoin ina shuí?

4 Tá Ciara ina suí.
5 Tá Eoin ina shuí.

Comhrá: Inis dom faoin seomra.
Céard atá ar an mballa?
Céard atá ar an mbord?
An bhfuil an múinteoir/Ciara ina suí?
An bhfuil Eoin ina sheasamh?

2 🖌 Dathaigh an léarscáil, na bláthanna agus an glantóir.

Ar scoil

1 Tá deasc nua agam ar scoil.
2 Tá Máire ina suí in aice liom.
3 Tá an múinteoir ag múineadh.
4 Tá mé ag éisteacht. Tá Máire
   ag éisteacht.
5 Níl Eoin ag éisteacht.
6 Tá Eoin ag canadh.
7 "Ciúnas," a deir an múinteoir,
   "bí ag éisteacht."
8 "Ó! Gabh mo leithscéal,"
   arsa Eoin.
9 Tá Eoin, an rógaire, ag
   éisteacht anois.

Litriú

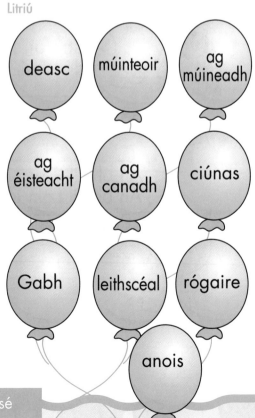

deasc • múinteoir • ag múineadh • ag éisteacht • ag canadh • ciúnas • Gabh • leithscéal • rógaire • anois

3

1 Cé atá ag léamh?	1 Tá _____ ____ _____.
2 Cé atá ag gáire?	2 ____ _____ ____ _____.
3 Cé atá ag canadh?	3 ____ _____ ____ _____.
4 Cé atá ag caoineadh?	4 ____ _____ ____ _____.
5 Cé atá ag éisteacht?	5 ____ _____ ____ _____.

4 **Éist**

CD Rian 9

5. (a) **Le foghlaim:**

**Níl mé i mo chodladh.
Tá mé i mo dhúiseacht.**

An bhfuil tú i do chodladh?

Eoin · ina chodladh · ina sheasamh · ina shuí

Ciara · ina codladh · ina seasamh · ina suí

(b) **Líon isteach na bearnaí:**

1   Tá Mamaí ina _____.

2   Tá Daidí ina _____.

3   Tá Máire _____ _____.

4   Tá Seán _____ _____.

5   Tá Ciara _____ _____.

6   Tá Eoin _____ _____.

6 (a) Le foghlaim:

peann luaidhe	ag scríobh	cead

múinteoir

bior

bioróir

arís

(b) Líon na bearnaí sa scéal:
Eoin agus a pheann luaidhe

1   Bhí Eoin _____ _____ sa chóipleabhar.

2   Bhí sé ag scríobh le _____ _____.

3   Bhris an _____.

4   "A mhúinteoir," arsa Eoin, "an bhfuil _____ agam _____ a fháil?"

5   "Tá," arsa an _____ agus thug sí _____ dó.

6   Rinne Eoin _____ nua.

7   Ansin thosaigh sé _____ _____ arís.

7   Rabhlóg
Sheas Sorcha nuair a chonaic sí a seanathair ina sheasamh sa bhus.

8   Éist leis an dán 'Rúfaí' (lch 126) CD Rian 10

Comhrá: Inis dom faoi do bhricfeasta.
Inis dom faoi phictiúr a haon/a dó ....
An bhfuil ubh/cupán/scian ar an mbord?
Cén t-am é? Cá bhfuil Licí?

1 **Dathaigh an bord, an ghrian agus an crúiscín.**

Litriú

Mo bhricfeasta

1 Ithim mo bhricfeasta gach maidin.
2 Faighim calóga arbhair.
3 Cuirim na calóga isteach
   sa bhabhla.
4 Faighim an bainne.
5 Cuirim an bainne isteach
   sa bhabhla.
6 Faighim an spúnóg.
7 Cuirim siúcra ar na calóga.
8 Ithim na calóga.
9 Ní bhíonn ocras orm ansin.

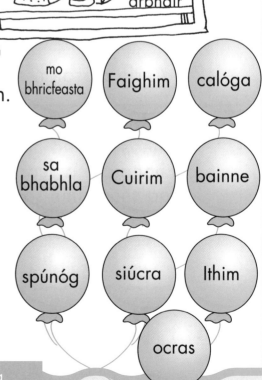

2 Ceisteanna

1 Céard a itheann tú gach maidin?
2 Céard a chuireann tú isteach sa bhabhla?
3 Céard a chuireann tú ar na calóga?
4 An itheann tú na calóga?
5 An maith leat calóga?

3 (a) Aimsigh trí dhifríocht.

1 I bpictiúr A tá an ghrian ag taitneamh.

I bpictiúr B _____.

2 I bpictiúr A _____.

I bpictiúr B _____.

3 ___ _____ A _____.

___ _____ B _____.

(b) Scríobh an focal fíor ✔ nó bréagach ✗

1 Tá siúcra ar an mbord.   fíor ✔
2 Tá madra faoin mbord.   bréagach ✗
3 Tá Máire ina suí ag an mbord.   _____
4 Tá Licí ar an mbord.   _____
5 Tá Eoin ag canadh.   _____
6 Tá spúnóg ar an mbord.   _____
7 Tá arán ar an mbord.   _____
8 Tá Eoin ina sheasamh.   _____

4 **Cuir ceist ar do chara.**

A

1 An bhfuil ocras ort?
2 An bhfuil tart ort?

B

1 Tá ocras orm.
2 Níl tart orm.

3 Cad a itheann tú chun do bhricfeasta?

3 Ithim calóga arbhair.
Ithim arán, im agus subh

4 Cad a ólann tú chun do bhricfeasta?

4 Ólaim bainne.
Ólaim tae.
Ólaim oráiste.

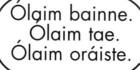

5 Cad a itheann tusa chun do bhricfeasta?

6 Cad a ólann tusa chun do bhricfeasta?

5 _____

_____

6 _____

_____

5 **(a)** **Le foghlaim:**

orm (mé)
ort (tú)
air (sé) Eoin
uirthi (sí) Ciara

(b) **Líon isteach na bearnaí:**

bróga   ribíní
hata   geansaí   stocaí

1   Tá h_____ _____.

2 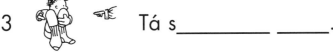 Tá g_____ _____.

3 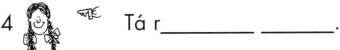 Tá s_____ _____.

4   Tá r_____ _____.

6 **Bris an cód agus scríobh an freagra:**

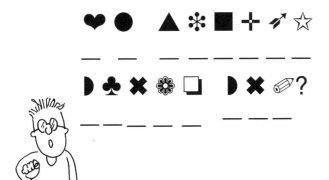

❤ ● ▲ ✳ ■ ✚ ➹ ☆

— — — — — — — —

◗ ♣ ✖ ✾ ☐   ◗ ✖ ✐?

— — — —   — — —

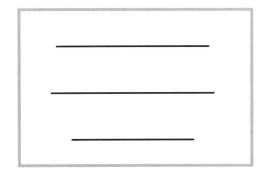

A	a	b	c	f	h	i	l	n	o	r	s	t	u
❤	✾	▲	♣	■	✳	➹	☆	●	◗	✖	☐	✐	✚

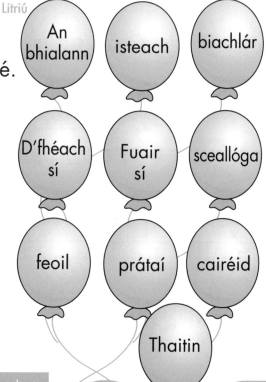

Comhrá: Inis dom faoin mbialann.
           Céard atá ar an mballa/ar an mbord?
           Céard a fuair Ciara/a huncail?
           Ar thaitin an béile le Ciara/lena huncail?

1 ✎   **Dathaigh an pictiúr.**

freastalaí

sceallóga   salann piobar   gloine

anlann trátaí

An bhialann

Litriú

1   Chuaigh Ciara agus a huncail
     Dónall isteach sa bhialann inné.
2   Bhí biachlár ar an mbord.
3   D'fhéach Ciara air.
     D'fhéach Dónall air.
4   Fuair Ciara sceallóga.
5   Fuair Dónall feoil, prátaí
     agus cairéid.
6   Chuir Ciara anlann trátaí
     ar na sceallóga.
7   Thaitin na sceallóga léi.
8   Thaitin an béile le Ciara
     agus le Dónall.

An bhialann   isteach   biachlár

D'fhéach sí   Fuair sí   sceallóga

feoil   prátaí   cairéid

Thaitin

2 **Ceisteanna**

1 Cá ndeachaigh Ciara inné?
2 Cá raibh an biachlár?
3 Céard a fuair Ciara?
4 Céard a fuair a huncail?
5 Céard a chuir Ciara ar na sceallóga?

3 **Éist** CD Rian 11

Eoin

4 **Scríobh an focal ceart ✔ nó mícheart ✗**

Biachlár			
ubh	1	Tá iasc ar an mbiachlár.	ceart ✔
sceallóga	2	Tá bainne ar an mbiachlár.	_____
subh	3	Tá im ar an mbiachlár.	_____
cairéad	4	Tá oráiste ar an mbiachlár.	_____
iasc	5	Tá ubh ar an mbiachlár.	_____
feoil			
oráiste	6	Tá arán ar an mbiachlár.	_____
prátaí	7	Níl feoil ar an mbiachlár.	_____
cáca			
bainne	8	Níl tae ar an mbiachlár.	_____

5 Cuir ceist ar do chara.

A **B**

1. An ndeachaigh tú go bialann inné?

1. Chuaigh mé/Ní dheachaigh mé go bialann inné.

2. Ar mhaith leat burgar?
   Ar mhaith leat sceallóga?

3.

2. Ba mhaith liom burgar.
   Ba mhaith liom sceallóga.

3.

4. Ar mhaith leat cairéad?

4. Níor mhaith liom cairéad.

5. Ar mhaith leat úll?
   Ar mhaith leat ubh?

6.

7. Ar mhaith leat cóc?

5 _____

_____

6 _____

_____

7 _____

_____

6 (a) Le foghlaim:

liom (mé)
leat (tú)
leis (sé) Eoin
léi (sí) Ciara

(b) Líon isteach na bearnaí:

iasc	feoil
ubh	úll

1 Is maith (tú) _____ _____.

2 Ní maith (sí) _____ _____.

3 Is maith (mé) _____ _____.

4 Ní maith (sé) _____ _____.

7 Seanfhocal
Is maith an t-anlann an t-ocras.

8 Éist leis an dán 'Mo Choileán' (lch 126) CD Rian 12

> Comhrá: Inis dom faoin bpictiúr.
> Cad a bhí sa spéir?
> Cad a bhí ar an mbord/ar an gcathaoir?
> An raibh balúin ar an mbord/ar an urlár?

1 **Dathaigh an pictiúr.**

ceithre bhalún
réaltaí
gealach
báisín uisce
dhá mhasc
fáinne
cnónna
trí ghloine

Oíche Shamhna

1 Bhí an-oíche ag na páistí Oíche Shamhna.
2 D'ith Ciara bairín breac agus milseáin.
3 D'ith Eoin cnónna agus milseáin.
4 D'ól Máire oráiste agus seacht suas.
5 D'imir na páistí cluiche púicín ansin.
6 Rith Eoin i ndiaidh Sheáin agus Chiara.
7 Rith siad timpeall an bhoird.
8 Bhí siad ag screadach agus ag screadach.
9 Ó, bhí an-oíche ag na páistí Oíche Shamhna.

Litriú

Oíche · páistí · D'ith sí

milseáin · cnónna · D'ól sí

D'imir siad · cluiche · timpeall

ag screadach

2 Ceisteanna
1   Cad a d'ith Ciara?
2   Cad a d'ith Eoin?
3   Cad a d'ól Máire?
4   Cé mhéad gloine atá ar an mbord?
5   Cé mhéad masc atá ar an mbord?
6   Cé mhéad balún atá ar crochadh?

3 (a) Aimsigh ceithre dhifríocht.

A   B

1   I bpictiúr A tá réalta amháin.

    I bpictiúr B tá _____.

2   I bpictiúr A tá _____

    I _____.

3   I bpictiúr A _____

    _____.

4   I _____

    _____.

(b)   Éist  agus tarraing CD Rian 13

4 Cuir ceist ar do chara.

A

1 Inis dom faoin bpictiúr.

B

1
(a) Tá úll ar crochadh.
(b) Tá balúin ar crochadh.
(c) Tá báisín uisce ar an gcathaoir.

2 Cad d'ól tú Oíche Shamhna?

2
(a) D'ól mé líomanáid.
(b) D'ól mé oráiste.

3 Cad d'ith tú Oíche Shamhna?

3
(a) D'ith mé úlla.
(b) D'ith mé cnónna

4 Ar ól tú uisce?

4 Níor ól mé uisce. Níor ith mé cairéad.

5 Ar ith tú cairéad?

5

5 **(a)** **Le foghlaim:**

Cén uimhir atá agat?

Tá uimhir a trí agam.

1 a haon	5 a cúig	9 a naoi
2 a dó	6 a sé	10 a deich
3 a trí	7 a seacht	11 a haon déag
4 a ceathair	8 a hocht	12 a dó dhéag

Cén t-am é?

Tá sé leathuair tar éis a dó.

(b) **Líon na bearnaí:**

1	2	3	4	5	6

1   Tá sé leathuair _____.

2   _____.

3   _____.

4   _____.

5   _____.

6   _____.

6 **Tomhas**

Tá lámha orm ach ní féidir liom scríobh.
Cé mise?

Clog

CEACHT 10

(Dul Siar)

 Bhí ocras ar Chiara CD Rian 14

Shiúil Ciara isteach sa chistin.
Bhí Mamaí ina suí. Bhí sí ag ól tae.
"Ó, tá ocras orm," arsa Ciara.
"Ar mhaith leat ubh?" arsa Mamaí.
"Níor mhaith liom ubh," arsa Ciara, "ach ba mhaith liom
calóga arbhair."
"Tá siad sa chófra," arsa Mamaí.
D'oscail Ciara an cófra. Fuair sí na calóga arbhair.
Chuir sí na calóga arbhair isteach sa bhabhla.
Fuair sí spúnóg. Chuir sí siúcra ar na calóga.
Ansin chuir sí bainne orthu.
Thosaigh sí ag ithe ansin.
Thaitin na calóga arbhair go mór léi.

Shiúil sí	sa chistin	calóga arbhair
	D'oscail sí	Thosaigh sí

Tar éis an bhricfeasta fuair Ciara a mála scoile.
"Seo dhuit do lón," arsa Mamaí léi.
"Go raibh maith agat," arsa Ciara agus chuir sí an lón
isteach sa mhála.
"Cuir ort do chóta anois," arsa Mamaí. "Tá sé fuar amuigh".
Chuir Ciara a cóta uirthi.
"Ná rith ar an mbóthar anois," arsa Mamaí. "Tá a lán
carranna air."
"Ní rithfidh mé," arsa Ciara agus thug sí póg do Mhamaí.
D'oscail Mamaí an doras agus shiúil Ciara amach.
"Slán leat," arsa Mamaí.
"Slán agat," arsa Ciara.

mála scoile	chuir sí	amuigh	ar an mbóthar
	carranna	póg	

 An Peann Luaidhe CD Rian 15

Seán: A Chiara, an bhfuil dhá pheann luaidhe agat?

Ciara: Tá, ach nach bhfuil peann luaidhe agat féin?

Seán: Tá, ach d'fhág mé é ar an mbord sa chistin.

Ciara: Seo dhuit peann luaidhe ach tá an bior briste.

Seán: Ó, tá bioróir agamsa. Cuirfidh mé bior air anois.

Ciara: Ná cuir bior air ansin. Téigh go dtí an bosca bruscair.

Seán: Ó, gabh mo leithscéal, a Chiara.
A mhúinteoir, an bhfuil cead agam bior a chur ar mo pheann luaidhe?

Múinteoir: Tá, a Sheáin, ach téigh go dtí an bosca bruscair.

Seán: Go raibh maith agat, a mhúinteoir.

briste	bioróir	Cuirfidh mé	téigh

1

Ná déan dearmad

Tá mé	Tá tú	Tá sé	Tá sí
i mo chodladh i mo sheasamh i mo shuí	i do chodladh i do sheasamh i do shuí	ina chodladh ina sheasamh ina shuí	ina codladh ina seasamh ina suí

Líon isteach na bearnaí:

1 Tá Daidí ina _chodladh_.

2 Tá Mamaí ina _suí_.

3 Tá Eoin ina _chodladh_.

4 Tá mé i mo _sheasamh_.

5 An bhfuil tú i do _shuí_?

2

Tá bróga orm. (mé)	Tá bróga ort. (tú)	Tá bróga air. (sé)	Tá bróga uirthi. (sí)

Líon isteach na bearnaí:

1 Tá léine (mé) _orm_.

2 Tá bríste ar Eoin. Tá bríste (sé) _air_.

3 An bhfuil hata (tú) _ort_?

4 Tá stocaí ar Íde. Tá stocaí _uirthi_.

5 Tá veist ar Dhaidí. Tá veist _air_.

6 Tá gúna ar Mhamó. Tá gúna _uirthi_.

3

Is maith liom úll (mé)	An maith leat úll (tú)?	Is maith leis úll (sé)	Is maith léi úll (sí)

Líon isteach na bearnaí:

1 Is maith (sé) _Leis_ calóga arbhair.

2 Is fuath (sí) _Léi_ ubh.

3 Thaitin an dinnéar (mé) _Liom_.

4 Níor thaitin an t-arán (sé) _Leis_.

4 ## Scríobh na focail seo a leanas san ord ceart:

1 an múinteoir inné Bhí ag múineadh.

1 _Bhí an múinteoir ag múineadh inné_

2 Seán sa leaba ina chodladh Tá.

2 _Tá Seán ina chodladh sa leaba._

3 ar na siúcra Cuirim calóga arbhair.

3 _Cuirim_

4 isteach Chuaigh Eoin inné sa bhialann.

4 _Chuaig Eoin isteach sa bhialann inné_

5 anlann trátaí Chuir mé ar na sceallóga.

5 _Chuir mé_

5 ## Críochnaigh na habairtí seo a leanas:

1 Chonaic mé _scannán_.

2 D'ith mé _scallóga._

3 Chuaigh mé _go dtí an oispidéal_

4 D'ól mé _uisce._

5 Rith mé _go dtí an siopa._

CD Rian 16

An Clog

Tá dhá lámh orm,
Lámh fhada is lámh ghearr;
Tá ceann acu mall,
Tá ceann acu mear.

Súile ag faire orm
Go minic gach lá;
Is brostaíonn siad leo –
Ní fios dom cén fáth.

Faigheann Mamaí an cheirt
Is glanann sí mé;
Is orm a bhíonn bród,
Is mé glan, is mé glé.

An Teilifís

Comhrá: Inis dom faoin bpictiúr.
Cá bhfuil an cianrialtán/an clog? ....
Céard atá ar siúl ag Daidí/ag Ciara/
ag Eoin/ag Licí?

1 Dathaigh an pictiúr.

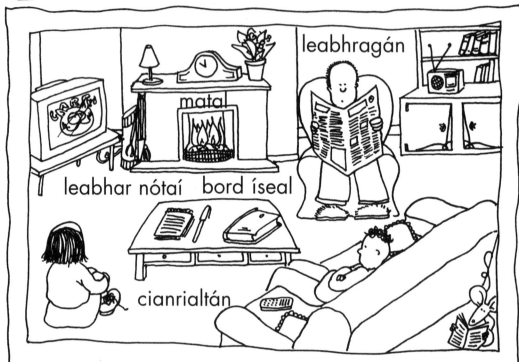

leabhragán

matal

leabhar nótaí   bord íseal

cianrialtán

An teilifís

Litriú

1 D'fhéach mé ar an teilifís aréir.
2 Bhí cartún maith air.
3 D'fhéach mé air.
4 Thaitin sé go mór liom.
5 Ansin bhí drochchartún ar
   an teilifís.
6 Níor fhéach mé air.
7 Bhí scannán ar an gcainéal
   eile. D'fhéach mé air.
8 Thaitin sé go mór liom.
9 Ó, is breá liom an teilifís.

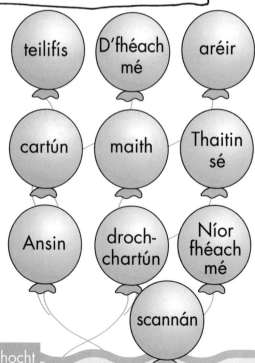

teilifís

D'fhéach mé

aréir

cartún

maith

Thaitin sé

Ansin

droch-chartún

Níor fhéach mé

scannán

2 Ceisteanna
1   Ar fhéach tú ar an teilifís aréir?
2   Céard a bhí ar an teilifís?
3   Ar thaitin sé leat?
4   Céard a bhí ar an gcainéal eile?
5   Cé acu is fearr leat, cartún nó scannán?

3 (a) Éist **agus tarraing** ✏️ CD Rian 17

(b) Cuir na focail seo a leanas in abairtí:

1   tolg: _____

2   leabhair: _____

3   cartún: _____

4   scannán: _____

5   teilifís: _____

4 Cuir ceist ar do chara.

A

1 Ar fhéach tú ar an teilifís aréir?

B

1 D'fhéach mé ar an teilifís aréir.

2 An bhfaca tú cartún ar an teilifís?

2 Chonaic mé cartún ar an teilifís.

3 An bhfaca tú an nuacht ar an teilifís?

3 Ní fhaca mé an nuacht ar an teilifís.

4 Cé acu is fearr leat, cartún nó an nuacht?

4 Is fearr liom cartún.

5 **Le foghlaim:**

(a) **Líon isteach na bearnaí:**

ubh	feoil	teilifís	uisce	bananaí	milseáin
cáis	cnámh	leabhar	cairéad	bainne	arán

1 Is fearr liom _____ ná _____.

2 Is fearr liom _____ ná _____.

3 Is fearr _____.

4 Is _____.

5 Is _____.

6 _____.

(b)

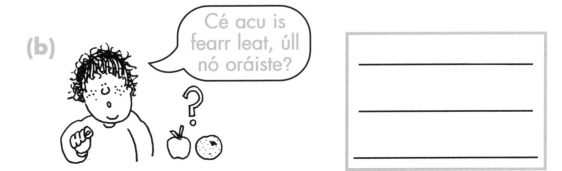

Comhrá:	Cár fhéach Daid?
	Cad tá faoin tolg/faoin mbord?
	Cad tá ar an mbord?
	Cad tá faoin teilifís? ar an tolg?

1 **Dathaigh pictiúr a haon agus pictiúr a ceathair:**

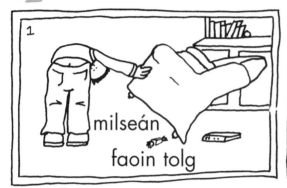

1 milseán faoin tolg

2 nuachtán faoin mbord

3 idir na cúisíní

4 luch

Litriú

Daidí agus an cianrialtán

1 "An bhfuil a fhios agat cá bhfuil an cianrialtán?" arsa Daidí liom inné.

2 "Níl a fhios agam", arsa mise.

3 D'fhéach Daidí faoin tolg.

4 D'fhéach sé faoin mbord.

5 D'fhéach sé idir na cúisíní.

6 "Há há!" arsa sé, "tá sé agam. Bhí sé idir na cúisíní."

7 Shuigh sé síos. Chuir sé an teilifís ar siúl.

8 Tar éis tamaill, bhí sé ina chodladh sámh.

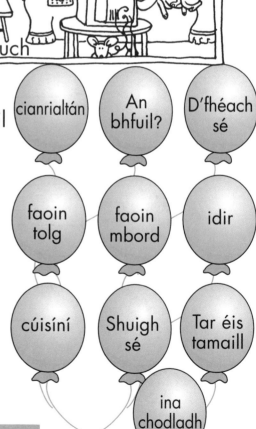

cianrialtán

An bhfuil?

D'fhéach sé

faoin tolg

faoin mbord

idir

cúisíní

Shuigh sé

Tar éis tamaill

ina chodladh

2 Ceisteanna

1 An bhfuil a fhios agat cá bhfuil an milseán?
2 Cá bhfuil an milseán?
3 An bhfuil leabhar nótaí ar an mbord?
4 An bhfuil nuachtán faoin mbord?
5 Cá bhfuair Daidí an cianrialtán?

3 Éist agus scríobh an focal 'ceart' ✔ nó 'mícheart' ✗. CD Rian 18

4 Cuir ceist ar do chara.

A

B

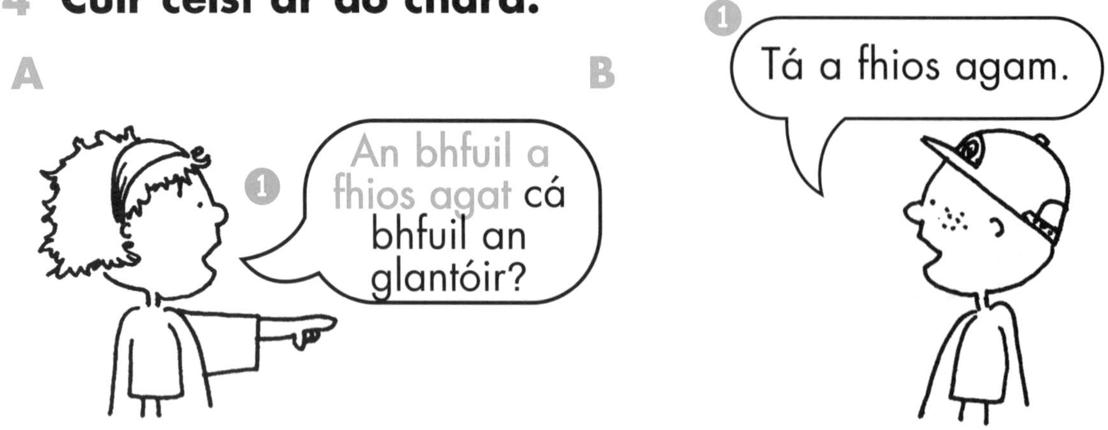

1 An bhfuil a fhios agat cá bhfuil an glantóir?

1 Tá a fhios agam.

2 An bhfuil a fhios agat cá bhfuil do mhála?

2 Tá a fhios agam.

3 An bhfuil a fhios agat cá bhfuil mo mhadra/ mo chat/mo chuid airgid?

3 Níl a fhios agam.

5 (a) Le foghlaim:

agam (mé)
agat (tú)
aige (sé) Eoin
aici (sí) Ciara

(b) Scríobh na focail agus tarraing  na pictiúir.

(c) Líon isteach na bearnaí:

1 Tá balún (mé) _____.

2 Tá nuachtán ag Eoin. Tá nuachtán (sé) _____.

3 An bhfuil peann luaidhe (tú) _____?

4 Níl bioróir ag Síle. Níl bioróir (sí) _____.

5 Tá scriosán ag Seán. Tá scriosán _____.

6 Tá cóipleabhar ag Íde. Tá cóipleabhar _____.

6 **(a) Le foghlaim:**

Daideo	faoin	ag léamh	leathuair	nuachtán	tolg

(b) Líon na bearnaí sa scéal:
Daideo agus an páipéar

1 Bhí sé _____ tar éis a 2 _____.

2 Tháinig _____ isteach sa seomra suí.

3 "Cá bhfuil an _____?," arsa Daideo.

4 "Bhí sé ar an _____," arsa Eoin.

5 D'fhéach _____ ar an _____.

6 D'fhéach sé _____ tolg.

7 "Á há," arsa Daideo. "Bhí sé _____
    tolg."

8 Shuigh sé ar an _____ agus
    thosaigh sé ___ _____.

7 Rabhlóg

Chuir Brian bioróir bán sa bhosca bruscair buí.

CEACHT 13

Comhrá beirte/Comhrá baile

1 Cuir ceist ar do chara.

A   B

1 Ar scríobh tú chuig Daidí na Nollag?

1 Scríobh mé chuig Daidí na Nollag.

2 Céard ba mhaith leat a fháil?

2 (a) Ba mhaith liom giotár a fháil.

(b) Ba mhaith liom pianó a fháil.

3 Ar mhaith leat puisín a fháil?

3 Níor mhaith liom puisín a fháil.

Comhrá: Inis dom faoin bpictiúr.
Céard atá ar an gcrann Nollag?
Céard atá ó Chiara?
Céard atá ar an matal/ar an bpictiúr ......?

2 Dathaigh an pictiúr.

An litir

1 Scríobh Ciara chuig Daidí na Nollag aréir.

2 Bhí pianó, eitleog, giotár agus ríomhaire uaithi.

3 Thug Mamaí clúdach litreach di.

4 Chuir Ciara an litir isteach sa chlúdach litreach.

5 Chuir Mamaí stampa ar an gclúdach litreach.

6 Ansin shiúil Ciara go dtí Oifig an Phoist.

7 Chuir sí an litir sa bhosca litreacha.

8 Bhí an-áthas uirthi ansin.

Litriú

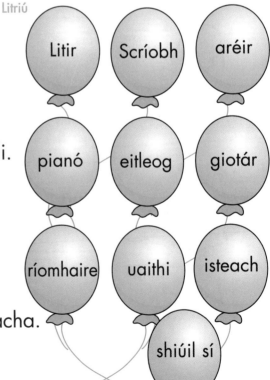

3   Ceisteanna

Ar scríobh? { **Scríobh** / **Níor scríobh** }

1   Cé a scríobh chuig Daidí na Nollag?
2   Ar scríobh Mamaí chuig Daidí na Nollag?
3   Cár chuir Ciara an litir?
4   Céard a thug Mamaí di?
5   Cár chuir Mamaí an stampa?

4   (a) An Chéad Nollaig

Chuaigh Muire agus Iósaf go Beithil. Bhí Muire ar dhroim asail.

Bhí an leanbh Íosa ag Muire i stábla. Bhí réalta gheal sa spéir.

Chuir Muire éadaí ar Íosa agus chuir sí ina luí i mainséar é.

Thosaigh na haingil ag canadh ar neamh.

(b) Inis dom faoin gcéad Nollaig.

5 (a) Le foghlaim:

 dlúthdhiosca	 cluiche táiplise	 leabhar
liathróid rugbaí	 clár scátála	 cluiche ríomhaire

(b)

Céard ba mhaith leat a fháil?

Ba mhaith liom ríomhaire a fháil.

Líon na bearnaí:

1 Ba mhaith liom  _____ .

2 Ba mhaith liom _____ .

3 Ba _____ liom _____ .

4 Ba _____ liom _____ .

5 ___ _____ liom  _____

_____ .

6 _____ _____

_____ .

6 **(a)** **Le foghlaim:**

dom (mé)
duit (tú)
dó (sé)
di (sí)

(b) **Scríobh na focail agus tarraing** ✏ **na pictiúir:**

(c) **Líon isteach na bearnaí:**

1   Thug Daidí na Nollag ríomhaire (mé) _____.

2   Thug Síle leabhar (sé) _____.

3   Ar thug Pól bréagán (tú) _____?

4   Thug Mamaí nuachtán (sí) _____.

7 **Rabhlóg**
Chonaic mé San Nioclás ag
scátáil ar chlár scátála.

![mouse] **An Giotár** CD Rian 19

Eoin: Dia duit, a Shan Nioclás.

San Nioclás: Dia is Muire duit. Conas tá tú?

Eoin: Tá mé go maith. Scríobh mé litir chugat.

San Nioclás: Cad is ainm duit?

Eoin: Eoin is ainm dom.

San Nioclás: Ó, tá do litir agam anseo. Ba mhaith leat giotár a fháil.

Eoin: Sea, giotár atá uaim.

San Nioclás: An bhfuil a fhios agat cén dath atá air?

Eoin: Tá dath dearg air.

San Nioclás: Tá an giotár sin agam. Seo dhuit é.

Eoin: Go raibh maith agat. Slán, a Shan Nioclás.

San Nioclás: Slán, a Eoin. Nollaig shona duit.

Éist ![mouse] **leis** an dán 'An Bronntanas' (lch 126) CD Rian 20

CEACHT 14

1 Cuir ceist ar do chara.

1 An ndeachaigh tú go dtí an siopa inné?

1 Chuaigh mé go dtí an siopa inné.

2 An bhfuil tú cinnte?

2 Tá mé cinnte.

3 An ndeachaigh tú ar scoil inné?

3 Ní dheachaigh mé ar scoil inné.

4 An bhfuil tú cinnte?

4 Tá mé cinnte.

5 Ar cheannaigh Mamaí an páipéar inné?

5 Cheannaigh Mamaí an páipéar inné.

6 An bhfuil tú cinnte?

6 Níl mé cinnte.

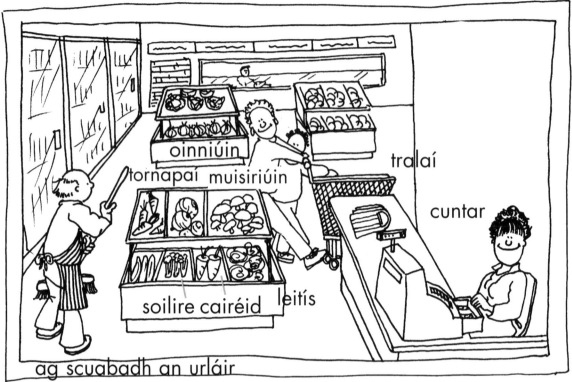

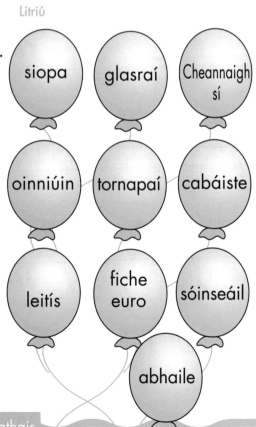

Comhrá: Inis dom faoin bpictiúr.
           Cad tá sna boscaí/sa tralaí?
           Cén t-am é?
           Cad tá á dhéanamh ag an bhfear?

2 🖌 Dathaigh na glasraí agus an cuntar.

oinniúin

tornapaí   muisiriúin

tralaí

cuntar

soilire   cairéid   leitís

ag scuabadh an urláir

Siopa glasraí

1   Ní raibh glasraí ag Mamaí inné.
2   Chuaigh Eoin agus a aintín,
    Síle, go dtí an siopa glasraí.
3   Cheannaigh Síle cairéid,
    oinniúin, tornapaí agus
    cabáiste.
4   Fuair Eoin muisiriúin agus
    leitís.
5   Thug Síle fiche euro don
    siopadóir.
6   Thug an siopadóir sóinseáil di.
7   Chuaigh Eoin agus Síle
    abhaile sa bhus ansin.

Litriú

siopa   glasraí   Cheannaigh sí

oinniúin   tornapaí   cabáiste

leitís   fiche euro   sóinseáil

abhaile

3 Ceisteanna

> **An ndeachaigh?** { **Chuaigh**
> **Ní dheachaigh**

1 An raibh glasraí ag Mamaí?
2 An ndeachaigh Mamaí go dtí an siopa?
3 An ndeachaigh Eoin go dtí an siopa?
4 An bhfuil tú cinnte?
5 Ar cheannaigh Síle tornapaí?
6 Ar cheannaigh Eoin milseáin?

4 Éist CD Rian 21

1 An ndeachaigh Áine go dtí an siopa?

1 _____.

2 Cad a chonaic sí ar an urlár?

2 _____.

3 Cad a thug sí don siopadóir?

3 _____.

4 An bhfuil tú cinnte?

4 _____.

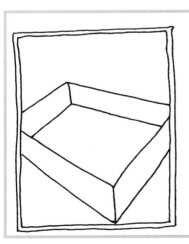
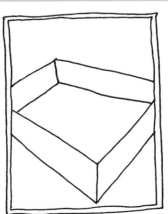
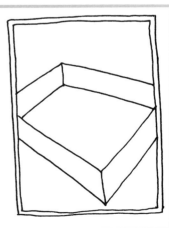

5 (a) Le foghlaim:

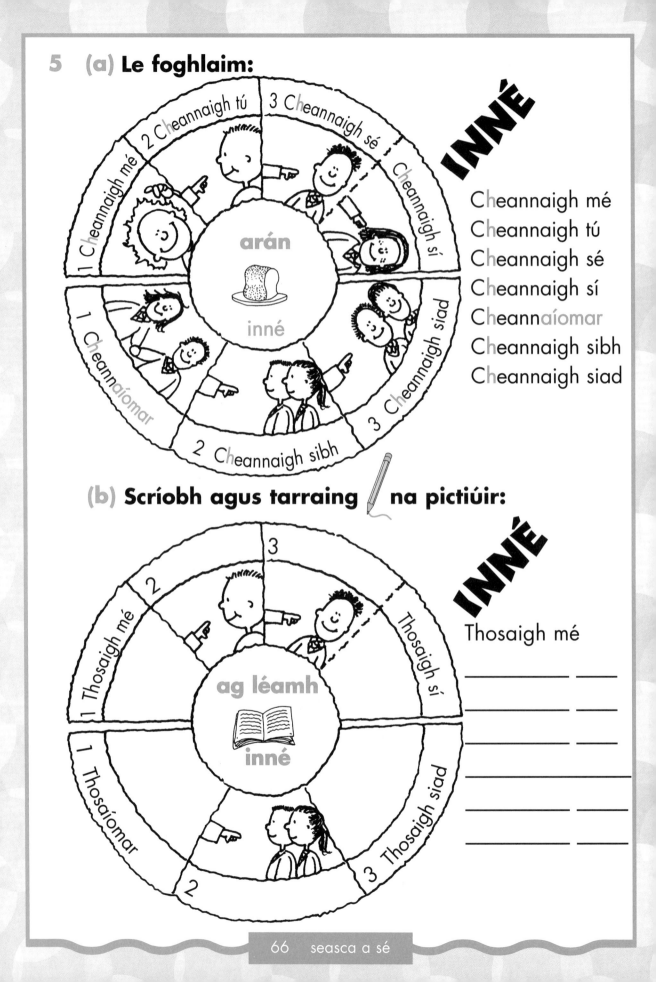

INNÉ

arán

inné

1 Cheannaigh mé
2 Cheannaigh tú
3 Cheannaigh sé
Cheannaigh sí
1 Cheannaíomar
2 Cheannaigh sibh
3 Cheannaigh siad

Cheannaigh mé
Cheannaigh tú
Cheannaigh sé
Cheannaigh sí
Cheannaíomar
Cheannaigh sibh
Cheannaigh siad

(b) Scríobh agus tarraing na pictiúir:

INNÉ

ag léamh

inné

2 Thosaigh mé
3
Thosaigh sí
1 Thosaíomar
2
3 Thosaigh siad

Thosaigh mé
_____ ___
_____ ___
_____ ___
_____ ___
_____ ___
_____ ___

6 Ciorclaigh na focail:

tornapaí
oinniúin
leitís
leabhar
stampa
giotár
pianó
tolg
cartún
scannán
nuachtán

r	g	s	t	c	a	r	t	ú	n
d	m	c	p	ú	m	d	m	g	i
n	u	a	c	h	t	á	n	a	f
t	s	n	r	g	b	p	e	s	d
o	i	n	n	i	ú	i	n	t	l
l	p	á	i	o	n	a	r	a	e
g	ó	n	o	t	a	n	h	m	i
í	t	l	n	á	d	ó	c	p	t
h	c	t	o	r	n	a	p	a	í
l	e	a	b	h	a	r	é	f	s

7 Bris an cód agus scríobh an freagra:

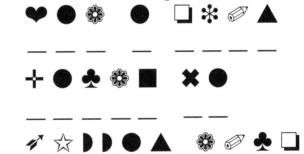

— — — — — — — —

— — — — — — —

— — — — — — — — —

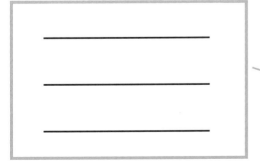

a	C	d	D	g	h	i	í	l	n	N	o	t	u
●	♥	❋	✚	▲	✳	♣	■	◗	✖	↗	☆	◻	✎

CEACHT 15

Comhrá: Inis dom faoi phictiúr a haon/a dó ....
Cén t-am é i bpictiúr a haon/a ceathair?
An bhfuil Seán ina shuí?/ina sheasamh?
An ndeachaigh Mamaí/Daidí go dtí an siopa?

1 Dathaigh pictiúir a dó agus a trí.

piorraí

bananaí

clár scátála   oráistí

caora
fíniúna

shleamhnaigh sé

a thóin

Litriú

Bhí an t-ádh le Seán

1 Chuaigh Seán isteach sa siopa.
2 Fuair sé dhá úll.
3 Ní fhaca sé an clár scátála
  ar an urlár.
4 Sheas sé air agus shleamhnaigh sé.
5 Thit sé. "Ó," arsa Seán, "tá
  mo thóin tinn".
6 "An féidir leat siúl?" arsa an
  siopadóir.
7 "Is féidir liom siúl," arsa Seán.
8 "Bhuel, seo dhuit an clár
  scátála," arsa an siopadóir.
9 D'imigh Seán abhaile go sona sásta.

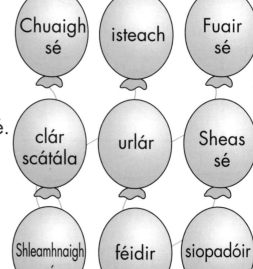

Chuaigh sé | isteach | Fuair sé

clár scátála | urlár | Sheas sé

Shleamhnaigh sé | féidir | siopadóir

D'imigh sé

2 Ceisteanna

An bhfuair sé? {	Fuair sé Ní bhfuair sé

An bhfaca sé? {	Chonaic sé Ní fhaca sé

1 Cé a shiúil isteach sa siopa?
2 Céard a fuair Seán?
3 An bhfuair sé trí úll?
4 An bhfaca sé an clár scátála?
5 Ar thit Seán ar a thóin?
6 Céard a thug an siopadóir do Sheán?

3 Éist  agus scríobh an focal 'fíor' nó 'bréagach' faoi gach bosca. CD Rian 22

4 **Cuir ceist ar do chara.**

A

B

5 (a) Le foghlaim:

Is féidir liom eitilt.

Ní féidir liom damhsa.

léamh	scríobh	rith	caoineadh	éisteacht
	canadh	léim	snámh	

Líon na bearnaí:

1 Ní féidir liom _____.

2 Is féidir liom _____.

3 Is féidir _____ _____.

4 Ní féidir _____ _____.

5 Is _____ _____ _____.

6 Is _____ _____ _____.

7 Is _____ _____ _____.

8 _____ _____ _____.

(b) Scríobh an freagra:

An féidir leat siúl?

_____ _____

_____ _____

6 (a) Le foghlaim:

ríomhaire	Sheas	urlár	Shleamhnaigh
teach	carr	ag caoineadh	áthas
	milseáin	snúcair	

(b) Líon na bearnaí sa scéal:
Máire agus an carr

1   Chuaigh Máire go [house] _____ Áine inné.

2   Bhí [computer] _____ ag Áine.

3   Bhí sí ag imirt [pool table] _____ air.

4   Bhí [car] _____ ar an

   _____ [tiles]

5   [rollerskates] _____ Máire ar an [car] g_____.

6   [figure] _____ sí agus thit sí ar an

   _____. [tiles]

7   Thosaigh Máire [crying face] ____ _____.

8   Thug Mamaí Áine _____ [sweets] di.

9   Bhí [smiling face] _____ ar Mháire ansin.

tine ar lasadh

 Eoin sa Chathair CD Rian 23

Bhí Eoin ag féachaint ar an teilifís.
Bhí cartún ar siúl. Níor thaitin an cartún leis.
"Is fuath liom an cartún sin," arsa Eoin.
Chuir sé cainéal eile ar siúl.
Bhí drochscannán ar an gcainéal seo.
"Ó, níl aon rud maith ar an teilifís inniu," arsa Eoin.
Tháinig Mamaí isteach sa seomra.
"Ar mhaith leat dul go dtí an chathair?" ar sise.
"Ba mhaith liom", arsa Eoin.
Chuaigh siad go dtí an chathair sa charr.
Shiúil siad ó shiopa go siopa.

sa chathair	ag féachaint	teilifís	cainéal	Shiúil siad

bosca
ceoil

sceallóga

Stop siad ag siopa amháin. D'fhéach Eoin isteach an
fhuinneog.
Chonaic sé bosca ceoil, giotár agus eitleog sa siopa.
"Ba mhaith liom bosca ceoil a fháil," arsa Eoin.
"Níl an t-airgead agam," arsa Mamaí, "ach ar mhaith leat
sceallóga a ithe? Tá ocras orm."
"Ba mhaith liom," arsa Eoin.
Chuaigh siad isteach i mbialann.
D'ith Eoin sceallóga agus d'ól sé oráiste.
D'ith Mamaí prátaí agus feoil.
Thug sí deich euro don fhreastalaí.
Ansin d'fhill siad abhaile sa charr.

| amháin | an fhuinneog | eitleog | bosca ceoil | sceallóga |

1 **(a)**

Ná déan dearmad

INNÉ

D'ól mé
D'ól tú
D'ól sé
D'ól sí
D'ólamar
D'ól sibh
D'ól siad

Cheannaigh mé
Cheannaigh tú
Cheannaigh sé
Cheannaigh sí
Cheannaíomar
Cheannaigh sibh
Cheannaigh siad

(b) Líon na bearnaí:

D'fhág ___

_____ tú

_____ ___

_____ sí

_____

_____ ____

_____ siad

Thriomaigh mé

_____ tú

_____ ___

_____ ___

Thriomaíomar

_____ ___

_____ ___

(c) Scríobh an freagra.

Ar cheannaigh tú pianó inné?

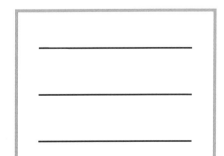

_____

_____

_____

2
(a)

 Tá bosca ceoil agam .

 An bhfuil bosca ceoil agat ?

 Tá bosca ceoil aige .

 Tá bosca ceoil aici .

agam (mé)   agat (tú)   aige (sé)   aici (sí)

Líon isteach na bearnaí:

1   An bhfuil giotár (tú) _____?

2   Tá cabáiste (sé) _____.

3   Níl eitleog (mé) _____.

4   An bhfuil leabhar (sí) _____ ?

(b)

 Thug Eoin úll dom .

 Ar thug Eoin úll duit ?

 Thug Eoin úll dó .

 Thug Eoin úll di .

dom (mé)   duit (tú)   dó (sé)   di (sí)

Líon isteach na bearnaí:

1   Thug Mamaí sceallóga (sé) _____.

2   Níor thug mé trí euro (sí) _____.

3   Ar thug an múinteoir bioróir (tú) _____ ?

4   Níor thug an siopadóir clár scátála (mé) _____.

CEACHT 17

Comhrá beirte/Comhrá baile

1 Cuir ceist ar do chara.

A

1 Cad a dhéanfaidh tú maidin amárach?

2 Cad a dhéanfaidh tú sa seomra folctha?

3 Céard a dhéanfaidh tú tráthnóna amárach?

B

1 Cuirfidh mé mo chuid éadaigh orm.

2 Nífidh mé m'aghaidh agus mo lámha.

3 Siúlfaidh mé abhaile agus déanfaidh mé mo cheachtanna.

Comhrá: Inis dom faoi na pictiúir.
Cá gcuirfidh tú do chuid éadaí?
Cad a chuirfidh tú ar do lámha?
Cá gcuirfidh tú do bhríste?

2 ✎ Dathaigh na pictiúir:

Rachaidh mé ag snámh

1   Rachaidh mé ag snámh sa linn snámha.
2   Cuirfidh mé mo chulaith shnámha orm.
3   Cuirfidh mé mo bhandaí snámha orm.
4   Rachaidh mé isteach san uisce ansin.
5   Tosóidh mé ag snámh le mo chara Nóra.
6   Tar éis leathuair a chloig rachaidh mé isteach sa seomra gléasta.
7   Triomóidh mé mé féin le tuáille.
8   Cuirfidh mé mo chuid éadaigh orm agus rachaidh mé abhaile.

Litriú

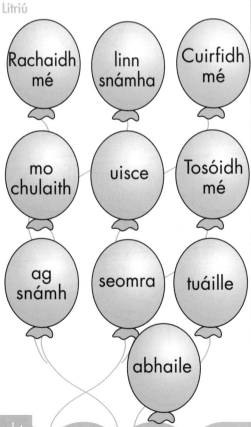

3 Cad a dhéanfaidh tú maidin amárach?

Líon na bearnaí leis na focail seo a leanas.

Cuirfidh mé	Nífidh mé	naoi a chlog	oíche
Triomóidh mé	Rachaidh mé	Bainfidh mé	orm

1 _____ ____ mo chulaith _____ díom.

2 _____ ____ mo bhrístín orm.

3 _____ ____ mo léine orm.

4 _____ ____ mo bhríste _____.

5 _____ ____ mo bhróga _____.

6 _____ ____ m'aghaidh agus mo lámha.

7 _____ ____ m'aghaidh agus mo lámha.

8 _____ ____ ar scoil ar a _____ ___ _____.

4 Éist agus tarraing CD Rian 24

5 (a) Le foghlaim:

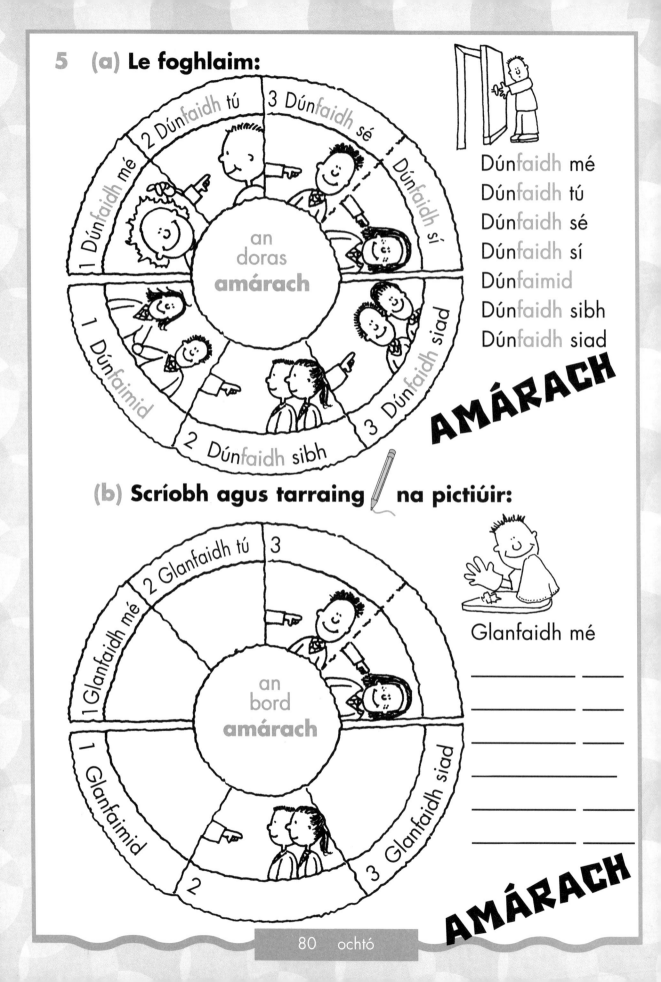

Dúnfaidh mé
Dúnfaidh tú
Dúnfaidh sé
Dúnfaidh sí
Dúnfaimid
Dúnfaidh sibh
Dúnfaidh siad

AMÁRACH

(wheel diagram, top)
1 Dúnfaidh mé
2 Dúnfaidh tú
3 Dúnfaidh sé
Dúnfaidh sí
3 Dúnfaidh siad
2 Dúnfaidh sibh
1 Dúnfaimid
an doras **amárach**

(b) Scríobh agus tarraing na pictiúir:

(wheel diagram, bottom)
1 Glanfaidh mé
2 Glanfaidh tú
3
Glanfaidh siad
3
2
1 Glanfaimid
an bord **amárach**

Glanfaidh mé

_____ _____ _____

_____ _____

_____ _____

_____ _____

AMÁRACH

CEACHT 18

1 Cuir ceist ar do chara.

A

B

1 An gcuirfidh tú an leabhar ar an mbord, led'thoil?

1 Cuirfidh mé an leabhar ar an mbord.

2 An gcuirfidh tú do chóipleabhar ar an mbord, led'thoil?

2 Cuirfidh mé mo chóipleabhar ar an mbord.

3 An gcuirfidh tú an páipéar sa bhosca bruscair, led'thoil?

3 Cuirfidh mé an páipéar sa bhosca bruscair.

Comhrá: Céard iad na cluichí atá ar an ríomhaire?
Ainmnigh na cluichí atá agat.
Cén cluiche is fearr leat?
Cén cluiche is fuath leat?

2 Dathaigh pictiúir a trí, a ceathair, a cúig agus a hocht.

1 sacar
2 iománaíocht
3 rugbaí
4 cispheil
5 snúcar
6 rásaí carranna
7 leadóg
8 cluichí troda
9 cúrsóir

Cluichí ríomhaire

1 Rithfidh mé abhaile ón scoil tráthnóna inniu. today
2 Déanfaidh mé mo cheachtanna.
3 Rachaidh mé go dtí an ríomhaire.
4 Cuirfidh mé an ríomhaire ar siúl.
5 Imreoidh mé sacar, iománaíocht agus rugbaí air.
6 Ní imreoidh mé cluiche troda.
8 Imreoidh mé cispheil, snúcar agus rásaí carranna freisin. also
9 Is fearr liom na rásaí carranna ná aon chluiche eile.

Litriú

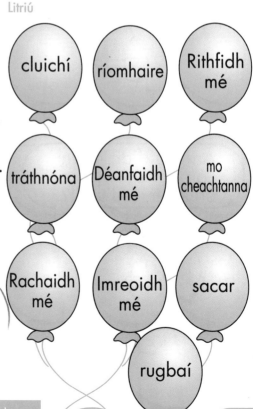

cluichí · ríomhaire · Rithfidh mé · tráthnóna · Déanfaidh mé · mo cheachtanna · Rachaidh mé · Imreoidh mé · sacar · rugbaí

3   Ceisteanna

1   Céard a dhéanfaidh tú tráthnóna inniu?
2   An ndéanfaidh tú do cheachtanna?
3   An gcuirfidh tú an ríomhaire ar siúl?
4   An imreoidh tú rugbaí ar an ríomhaire?
5   An maith leat cluichí troda?
6   Ainmnigh an cluiche is fearr leat.

4   Scríobh an focal 'fíor' nó 'bréagach'.

1   Tá Luas ag imirt snúcair.   _____

2   Tá Mamaí ag imirt snúcair.   _____

3   Tá Cití ag imirt sacair.   _____

4   Tá Eoin ag troid.   _____

5   Tá Ciara ag imirt rugbaí.   _____

6   Tá Mamaí ag imirt iománaíochta.   _____

7   Tá Daidí ag imirt leadóige.   _____

8   Tá Luas ag imirt cispheile.   _____

5   Seanfhocal

Titfidh an duine a rithfidh.

6   Éist  leis an dán 'An Tíogar' (lch 127)   CD Rian 25

7 (a) Le foghlaim:

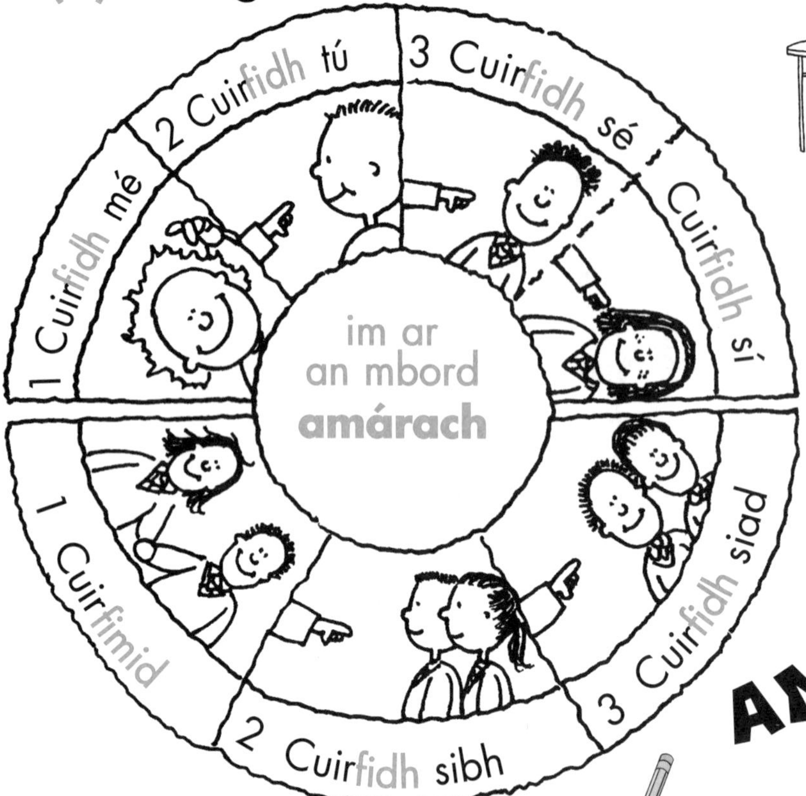
1 Cuirfidh mé
2 Cuirfidh tú
3 Cuirfidh sé
Cuirfidh sí
im ar
an mbord
amárach
1 Cuirfimid
2 Cuirfidh sibh
3 Cuirfidh siad

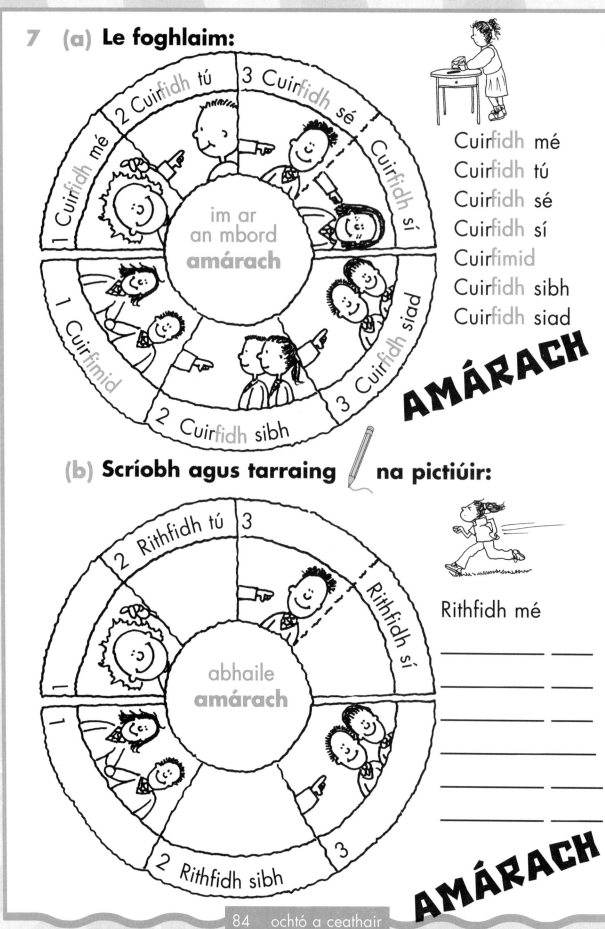

Cuirfidh mé
Cuirfidh tú
Cuirfidh sé
Cuirfidh sí
Cuirfimid
Cuirfidh sibh
Cuirfidh siad

AMÁRACH

(b) Scríobh agus tarraing na pictiúir:

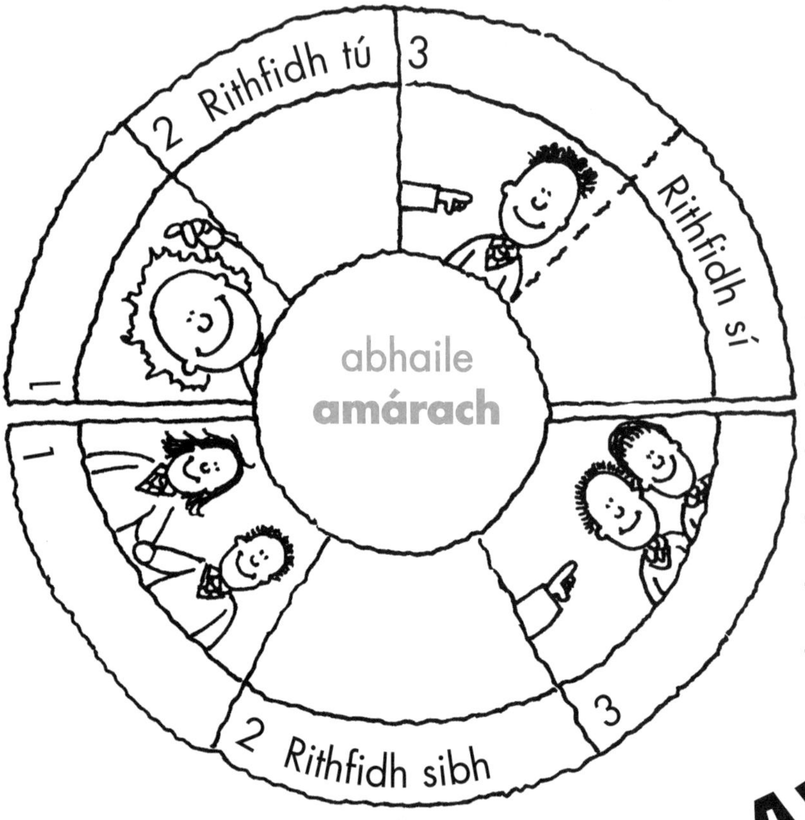
1
2 Rithfidh tú
3
Rithfidh sí
abhaile
amárach
1
2 Rithfidh sibh
3

Rithfidh mé

____________ ______
____________ ______
____________ ______
____
____________ ______
____________ ______

AMÁRACH

Comhrá beirte/Comhrá baile

1 Cuir ceist ar do chara.

A

An bhfuil vardrús agat?
An bhfuil tú cinnte?

B

Tá vardrús agam.
Tá mé cinnte.

An bhfuil
vardrús agam?
An bhfuil tú
cinnte?
Cá bhfuil mo
vardrús?

Is dócha go bhfuil.
Níl mé cinnte.
Is dócha go bhfuil sé
sa seomra codlata.

Céard a chuirfidh
tú sa vardrús?

(a) Cuirfidh mé
cóta sa
vardrús.
(b) Cuirfidh mé
bríste sa
vardrús.

Comhrá: Inis dom faoin bpictiúr.
Cá gcuirfidh Eoin a chuid éadaí?
Cad a bheidh ar an urlár/ar an leaba?
Cá gcuirfidh sé an carbhat/an chíor ghruaige?

2 **Dathaigh an piliúr, an doras, an ruga agus na buataisí.**

Seomra codlata Eoin

1 Beidh seomra codlata Eoin bunoscionn anocht arís.
2 Cuirfidh Eoin a bhríste agus a léine ar an leaba.
3 Cuirfidh sé a stocaí ar an radaitheoir.
4 Caithfidh sé a bhróga faoin leaba.
5 Crochfaidh sé a charbhat ar láimh an dorais.
6 Fágfaidh Eoin a gheansaí ar an urlár.
7 Cuirfidh sé a bhuataisí ar an gcathaoir.
8 Beidh Mamaí cráite.
9 An bhfuil Eoin go dona, meas tú?

Litriú

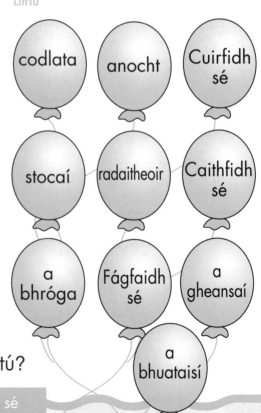

3 Ceisteanna

1. Cá gcuirfidh Eoin a bhríste?
2. Cá gcuirfidh sé a stocaí?
3. Cá gcrochfaidh sé a charbhat?
4. Cá gcuirfidh sé a léine?
5. Cá gcuirfidh sé a bhuataisí?

4 (a) Éist agus tarraing  CD Rian 26

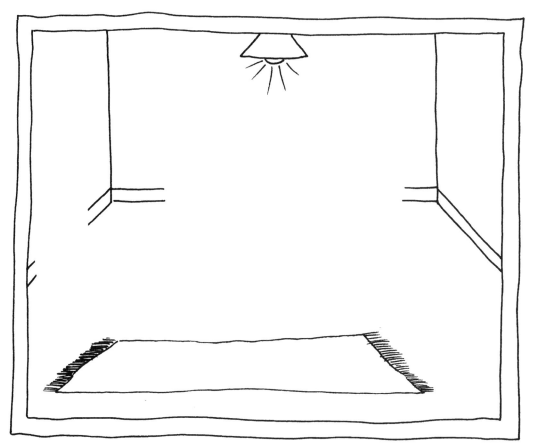

(b) Rabhlóg

Chuir Eoin cairéid agus
cnónna ar na calóga.

5 (a) Le foghlaim:

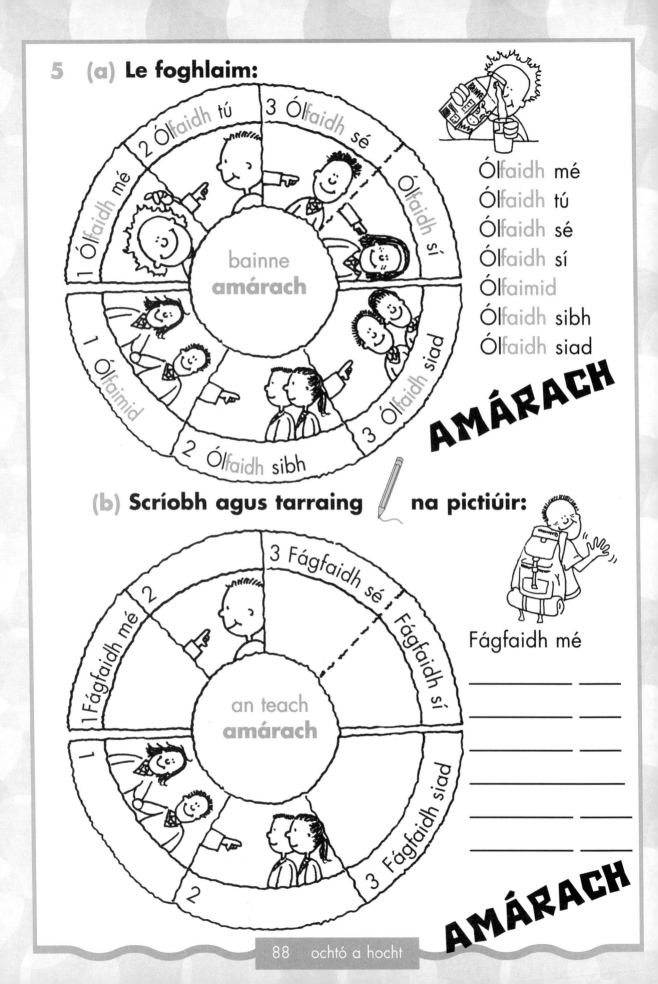

1 Ólfaidh mé
2 Ólfaidh tú
3 Ólfaidh sé
Ólfaidh sí
Ólfaidh sí
3 Ólfaidh siad
2 Ólfaidh sibh
1 Ólfaimid

bainne **amárach**

Ólfaidh mé
Ólfaidh tú
Ólfaidh sé
Ólfaidh sí
Ólfaimid
Ólfaidh sibh
Ólfaidh siad

AMÁRACH

(b) Scríobh agus tarraing na pictiúir:

1 Fágfaidh mé
2
3 Fágfaidh sé
Fágfaidh sí
1
2
3 Fágfaidh siad

an teach **amárach**

Fágfaidh mé

_____ ____

_____ ____

_____ ____

_____ ____

_____ ____

AMÁRACH

6 **(a) Le foghlaim:**

mo léine	mo stocaí	leaba	mo charbhat
chulaith oíche	seomra codlata	a chodladh	

(b) Líon na bearnaí sa scéal:
Mise agus an leaba

1 Rachaidh mé isteach sa _____

_____ .

2 Bainfidh mé _____ _____ díom.

3 Bainfidh mé _____ _____ díom.

4 Bainfidh mé _____ _____ ___ .

5 Bainfidh mé _____ _____ ___ .

6 Cuirfidh mé mo _____ _____ orm.

7 Rachaidh mé isteach sa _____ agus

rachaidh mé _____ _____ .

7 **Tomhas**
Féach ar an bpictiúr ar leathanach ochtó a sé.
Cuireann tú timpeall do mhuiníl é gach maidin.
Tosaíonn sé leis an litir 'c'. Cad é?

Carbhat

CEACHT 20

Comhrá beirte/Comhrá baile

1 Cuir ceist ar do chara.

A

B

❶ Cén dath atá ar do bhróga?

❶ Tá dath
_____ orthu.

❷ Cén dath atá ar do gheansaí/ar do bhríste/ar do léine?

❷ Tá dath _____
ar mo gheansaí/
dath _____ ar
mo bhríste/ dath
_____ ar
mo léine.

❸ Cén dath is fearr leat?

❸ Is fearr liom dath
_____.

❹ Cén dath is fuath leat?

❹ Is fuath liom dath
_____.

Comhrá: An maith leat bróga bána/bróga glasa? ....
Inis dom faoi na pictiúir.
Cá bhfuil Mamaí agus Eoin ag siúl?
Cad tá sna fuinneoga?

2 Dathaigh na pictiúir.

cuaráin

an tsráid

slipéir

freastalaí

siopadóir

Litriú

Bróga nua

1 Ceannóidh Mamaí bróga nua
   dom san earrach.
2 Is maith liom bróga dearga.
3 Siúlfaimid ó shiopa go siopa.
4 Cuirfidh mé bróga dubha orm.
5 Cuirfidh mé bróga gorma orm.
6 Cuirfidh mé bróga dearga
   orm.
7 Taitneoidh siad go mór liom.
8 Tabharfaidh Mamaí caoga
   euro don siopadóir.
9 Rachaimid abhaile ansin
   go sona sásta.

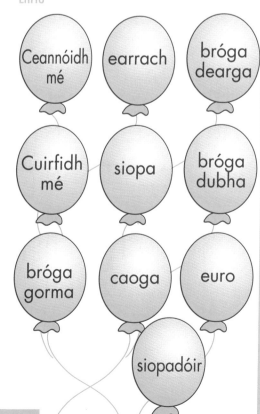

Ceannóidh mé — earrach — bróga dearga — Cuirfidh mé — siopa — bróga dubha — bróga gorma — caoga — euro — siopadóir

3 ✏ Dathaigh agus foghlaim:

Tá dath buí ar bhanana.

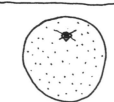

Tá dath oráiste ar oráiste.

Tá dath gorm ar an spéir.

Tá dath dubh ar ghual.

Tá dath donn ar an mbéar.

Tá dath dearg ar an bhfuil.

4 Éist

 CD Rian 27

5 **(a)** **Le foghlaim:**

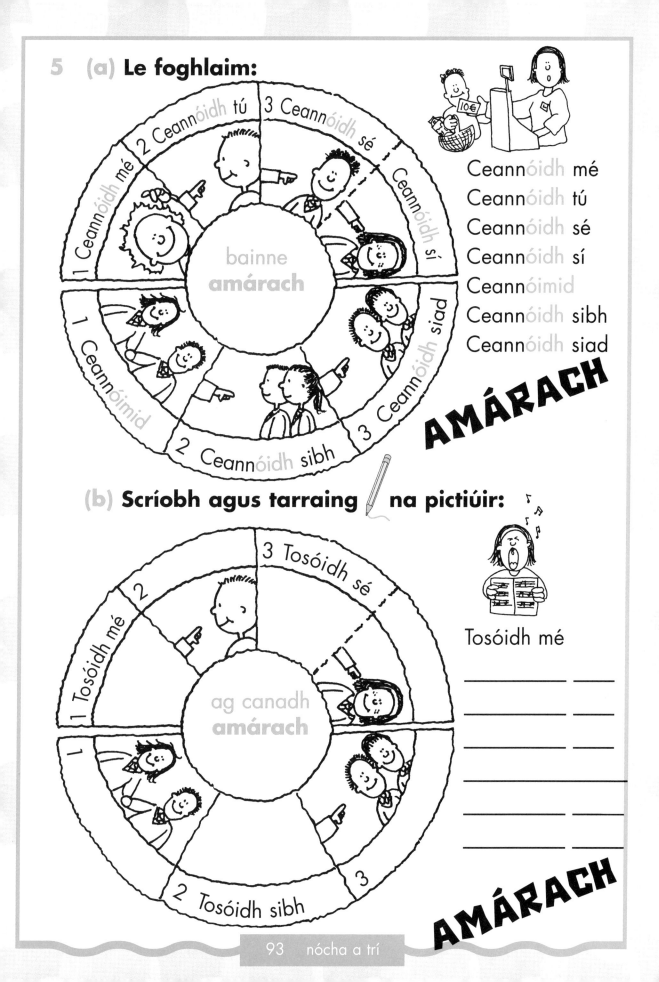

Ceannóidh tú
2 Ceannóidh tú
3 Ceannóidh sé
1 Ceannóidh mé
Ceannóidh sí
bainne **amárach**
Ceannóimid
Ceannóidh siad
2 Ceannóidh sibh
3 Ceannóidh siad

Ceannóidh mé
Ceannóidh tú
Ceannóidh sé
Ceannóidh sí
Ceannóimid
Ceannóidh sibh
Ceannóidh siad

AMÁRACH

(b) **Scríobh agus tarraing na pictiúir:**

3 Tosóidh sé
2
1 Tosóidh mé
ag canadh **amárach**
1
2 Tosóidh sibh
3

Tosóidh mé

_____ _____

_____ _____

_____ _____

_____ _____

_____ _____

AMÁRACH

An Aimsir

Comhrá beirte/Comhrá baile

1 Cuir ceist ar do chara.

A

1 An bhfuil an ghrian ag taitneamh?

B

1 ____ an ghrian ag taitneamh.

2 An bhfuil sé ag cur báistí?

3 An bhfuil sé ag cur sneachta?

2 ____ sé ag cur báistí.

3 ____ sé ag cur sneachta.

4 An bhfuil sé ag cur seaca?

5 An bhfuil sé gaofar?

4 ____ sé ag cur seaca.

5 ____ sé gaofar.

6 An bhfuil sé ceathach?

7 An bhfuil sé ceomhar?

6 ____ sé ceathach.

7 ____ sé ceomhar.

2 **Le foghlaim:**

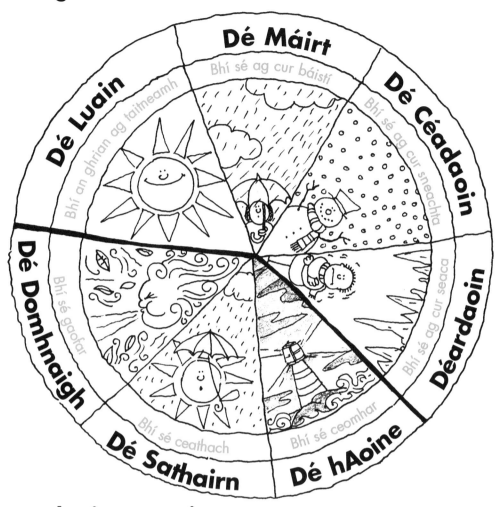

An tseachtain seo caite
1 Bhí aimsir an-ait ann an tseachtain seo caite.
2 Bhí an ghrian ag taitneamh Dé Luain.
3 Bhí sé ag cur báistí Dé Máirt.
4 Bhí sé ag cur sneachta Dé Céadaoin.
5 Bhí sé ag cur seaca Déardaoin.
6 Bhí sé ceomhar Dé hAoine.
7 Bhí sé ceathach Dé Sathairn.
8 Bhí sé gaofar Dé Domhnaigh.
9 Nach ait an aimsir a bhí ann.

Dé Luain	Dé Máirt	Dé Céadaoin	Déardaoin
Dé hAoine	Dé Sathairn	Dé Domhnaigh	
aimsir	an ghrian	sneachta	

3   Ceisteanna

1   An raibh sé ag cur báistí Dé Máirt?
2   An raibh sé ag cur báistí Dé Luain?
3   An raibh sé ceomhar Déardaoin?
4   Conas a bhí an aimsir Dé Sathairn?
5   Conas a bhí an aimsir Dé hAoine?

4   (a) Le foghlaim:

lá te lá níos teo	lá fuar lá níos fuaire
bosca beag bosca níos lú	cupán mór cupán níos mó
rópa fada rópa níos faide	muc ramhar muc níos raimhre

(b) Líon isteach na bearnaí:

1   Bhí sé te Dé Luain ach bhí sé níos _____ Dé hAoine.
2   Tá gúna fada ag Íde ach tá gúna níos _____ ag Orla.
3   Tá liathróid bheag aige ach tá liathróid níos
       _____ aici.
4   Tá Pól ramhar ach tá Liam ____ _____.
5   Bhí sé fuar inné ach tá sé _____ _____ inniu.
6   Tá cat ramhar agam ach tá cat ____ _____ agat.

6 (a) **Le foghlaim:**

Cé mhéad buachaill atá ag imirt peile?

Tá beirt bhuachaillí ag imirt peile.

1 aon bhuachaill amháin
2 beirt bhuachaillí
3 triúr buachaillí
4 ceathrar buachaillí
5 cúigear buachaillí
6 seisear buachaillí
7 seachtar buachaillí

(b) **Líon na bearnaí:**

1 Chonaic Eoin (2) _____ bhuachaillí ag snámh.
2 Chuaigh (3) _____ cailíní ag siúl ar an tsráid.
3 Chonaic Íde (1) _____ fhear _____ ag scríobh.
4 Ní fhaca mé (7) _____ cailíní ag imirt snúcair.
5 Shiúil (4) _____ páistí isteach sa siopa.
6 Cheannaigh (5) _____ fear úlla sa siopa.
7 Bhí (6) _____ cailíní ag léamh sa seomra.

An Aimsir

Comhrá:	Inis dom faoi na pictiúir.
	Céard a fheiceann tú i bpictiúr a haon/ a dó/a trí/a ceathair?
	Cén sórt aimsire atá ann?

1 Dathaigh na pictiúir:

duilleoga

madra fíochmhar

bláthanna

géaga ag lúbadh

Litriú

Lá gaofar

1 Bhí lá saoire ag Máire inné.
2 Bhí an ghaoth ag séideadh go láidir.
3 Bhí sí ag siúl ar an tsráid.
4 Shéid an ghaoth a caipín isteach i ngairdín.
5 Bhí madra fíochmhar sa ghairdín.
6 Bhí eagla ar Mháire dul isteach sa ghairdín.
7 Tháinig fear as an teach agus thug sé a caipín di.
8 "Go raibh maith agat," arsa Máire agus d'fhill sí abhaile go sona sásta.

gaofar

lá saoire

an ghaoth

ag séideadh

go láidir

Shéid sí

caipín

fíochmhar

sa ghairdín

Tháinig sé

2 Ceisteanna

1　An raibh scoil ag Máire inné?
2　An raibh sé ag cur báistí?
3　Cá raibh Máire ag siúl?
4　Cár shéid an ghaoth a caipín?
5　Cén sórt aimsire a bhí ann?

3 (a) Na Séasúir:

An tEarrach
1 Tá nead ar an gcrann.
2 Tá éan sa nead.
3 Tá uain sa pháirc.

An Samhradh
1 Tá an ghrian ag taitneamh.
2 Tá duilleoga ar na crainn.
3 Tá bláthanna sa pháirc.

An Fómhar
1 Tá na duilleoga ag titim.
2 Tá na húlla aibí.
3 Piocaim sméara dubha.

An Geimhreadh
1 Tá an ghaoth ag séideadh.
2 Tá sé an-fhuar.
3 Tá an ghráinneog ina codladh.

(b) Ceisteanna:

1　An bhfuil an ghrian ag taitneamh anois?
2　An bhfuil duilleoga ar na crainn anois?
3　An bhfuil an ghaoth ag séideadh anois?
4　An bhfuil an ghráinneog ina codladh anois?
5　An bhfuil an aimsir an-te anois?

4 Cuir ceist ar do chara.

A

B

1 An bhfuil lá saoire agat inniu?

1 Níl lá saoire agam inniu.

2 An bhfuil lá saoire agam inniu?

2 Níl lá saoire agat inniu.

3 An bhfuil lá saoire aige inniu?

3 Tá lá saoire aige inniu.

4 An bhfuil lá saoire aici inniu?

4 Tá lá saoire aici inniu.

5 **(a)** **Le foghlaim:**

1 🌸 aon bhláth amháin

2 🌸🌸 dhá bhláth

3 🌸🌸🌸 trí bhláth

4 🌸🌸🌸🌸 ceithre bhláth

5 🌸🌸🌸🌸🌸 cúig bhláth

6 🌸🌸🌸🌸🌸🌸 sé bhláth

7 🌸🌸🌸🌸🌸🌸🌸 seacht mbláth

8 🌸🌸🌸🌸🌸🌸🌸🌸 ocht mbláth

9 🌸🌸🌸🌸🌸🌸🌸🌸🌸 naoi mbláth

10 🌸🌸🌸🌸🌸🌸🌸🌸🌸🌸 deich mbláth

(b) **Aimsigh ceithre dhifríocht sna pictiúir.**

1 (a) I bpictiúr A tá aon chrann amháin.

   (b) I bpictiúr B tá dhá _____.

2 (a) I bpictiúr A tá cúig éan.

   (b) _____.

3 (a) _____.

   (b) _____.

4 (a) _____.

   (b) _____.

6 Crosfhocal:

Trasna

1 Tá dath _____ ar bhanana.

5 Tá dath _____ ar oráiste.

7 Tá _____ dubh ar ghual.

8 Tá dath _____ ar an mbéar.

10 Chonaic mé 10 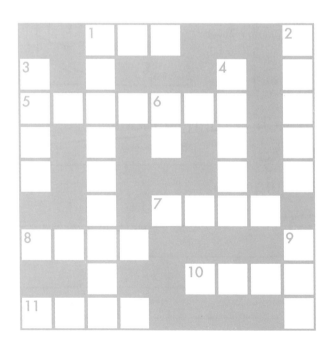 _____ sa pháirc inné.

11 Tá dath _____ ar dhuilleoga.

Anuas

1 Tá 🌼 _____ sa pháirc.

2 Bhí _____ fíochmhar sa chlós inné.

3 Tá dath _____ ar an spéir.

4 Tá (2) _____ chailíní sa teach.

6 Chuir an siopadóir na bróga _____ bhosca.

9 "Ní fhaca mé _____ ," arsa Mamaí liom.

7 **(a) Le foghlaim:**

ag séideadh	eagla	brón	ag siúl
oíche	hata	tarbh	Shiúil sé

(b) Líon na bearnaí sa scéal:

Daideo agus a hata

1 Bhí Daideo _____ _____ ar an mbóthar.

2 Bhí an ghaoth _____ _____ go láidir.

3 Shéid an ghaoth a _____ isteach sa pháirc.

4 Bhí _____ fíochmhar sa pháirc.

5 Bhí _____ ar Dhaideo.

6 _____ _____ abhaile.

7 Bhí _____ ar Dhaideo an oíche sin.

8 **Seanfhocal**

Is olc an ghaoth nach séideann do dhuine éigin.

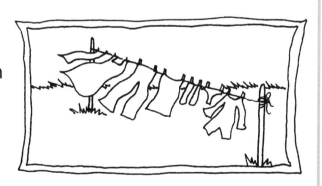

9 **Éist** **leis** na dánta 'An tEarrach', 'An Fómhar' agus 'Bláthanna' (lch 127) CD Rian 29

CEACHT 23

Comhrá: Inis dom faoi na pictiúir.
An féidir leat rith/siúl/snámh?
An raibh banaltra san otharcharr/san ospidéal?
An raibh tusa san ospidéal? Inis dom faoi.

1 Dathaigh na pictiúir.

poll   bóthar

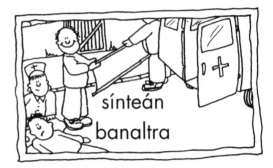

sínteán
banaltra

bosca seacláide

An t-ospidéal

1 Bhí Eoin ar a rothar inné.
2 Chuaigh an roth tosaigh
isteach i bpoll.
3 Thit Eoin den rothar. Bhris
sé a chos.
4 Níorbh fhéidir leis siúl ar
an mbóthar.
5 Tháinig an t-otharcharr.
6 Thóg an t-otharcharr Eoin
go dtí an t-ospidéal.
7 D'fhéach na dochtúirí ar a chois.
8 Chuir siad plástar Pháras ar
a chos.
9 Thug Mamaí bosca seacláide dó.
10 Thaitin an t-ospidéal le hEoin.

Litriú

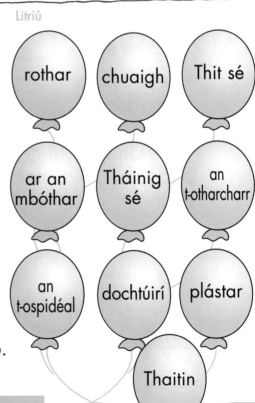

rothar   chuaigh   Thit sé

ar an mbóthar   Tháinig sé   an t-otharcharr

an t-ospidéal   dochtúirí   plástar

Thaitin

2   Ceisteanna
1   Cá ndeachaigh an roth tosaigh?
2   Ar bhris sé a lámh?
3   Ar tháinig leoraí?
4   Cé a d'fhéach ar a chois?
5   Cad a chuir na dochtúirí ar a chois?

3   (a)   Éist  CD Rian 30

1   An raibh Máire ag dul go dtí an siopa?

1   _____.

2   Cé a tháinig ar rothar?

2   _____.

3   An bhfaca Máire é?

3   _____.

4   Ar thosaigh sí ag gáire?

4   _____.

(b)
1   Tarraing Máire ag siúl ar an mbóthar.
2   Cuir mála scoile ar a droim.
3   Tarraing Eoin ar a rothar.
4   Cuir poill uisce ar an mbóthar.

4   **Cuir ceist ar do chara.**

A

1 Cén fáth a bhfuil tú ag caoineadh?

B

1 Mar thit mé den rothar.

2 Cén fáth a bhfuil tú ag caoineadh?

2 Mar thit mé den chathaoir.

3 Cén fáth a bhfuil tú ag caoineadh?

3 Mar thit mé sa chlós.

4 Cén fáth a bhfuil tú ag gáire?

4 Mar fuair mé ríomhaire.

5 Cén fáth a bhfuil tú ag gáire?

5 Mar fuair mé fón póca.

5 **(a)** **Le foghlaim:**

(b) **Cuir na focail in ord:**

1 den chathaoir buataisí na Thit

1 _____.

2 an Thit t-oinniún bhord den

2 _____.

3 t-éan den Thit bhalla an

3 _____.

4 den an Thit chruib cuileann

4 _____.

5 t-aingeal chrann den Thit an

5 _____.

6 leaba léine den an Thit

6 _____.

6 Caith an Dísle

CEACHT 24

1 **Cuir ceist ar do chara.**

A

B

① Cén aois thú?

① Tá mé naoi mbliana d'aois inniu.

② Lá breithe sona duit.

② Go raibh maith agat.

③ An féidir leat teacht go dtí mo chóisir?

③ Is féidir liom.

④ Ar mhaith leat teacht go dtí mo chóisir?

④ Ba mhaith liom cinnte.

Comhrá: Inis dom faoin bpictiúr.
Céard atá ar an mbord?
Céard atá ag Seán?/ar an gcáca?
Céard atá ar crochadh?

2 Dathaigh an pictiúr.

slabhraí
páipéir
boscaí seacláide
coinnle
gloiní
cártaí
soip óil

Breithlá Chiara

1 Bhí Ciara naoi mbliana d'aois ar an Mháirt.
2 Bhí cóisir aici.
3 Tháinig a cairde Máire, Cathal agus Síle go dtí an chóisir.
4 Bhí bronntanais agus cártaí acu.
5 Thug Eoin agus Máire leabhair do Chiara.
6 Thug Cathal agus Síle boscaí seacláide di.
7 Rinne Mamaí cáca blasta.
8 Thaitin an cáca le gach duine.
9 Bhí an-lá ag Ciara.

Litriú

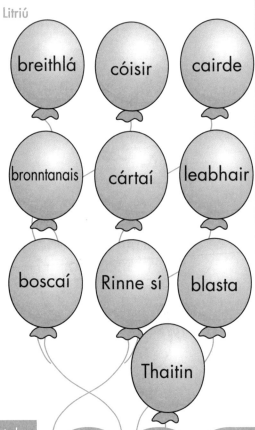

breithlá cóisir cairde
bronntanais cártaí leabhair
boscaí Rinne sí blasta
Thaitin

3 Ceisteanna
1 Cathain a bhí Ciara naoi mbliana d'aois?
2 Céard a thug Eoin do Chiara?
3 Céard a thug Síle do Chiara?
4 Ar thug Cathal leabhar do Chiara?
5 Céard a rinne Mamaí?

4 Éist agus tarraing

CD Rian 31

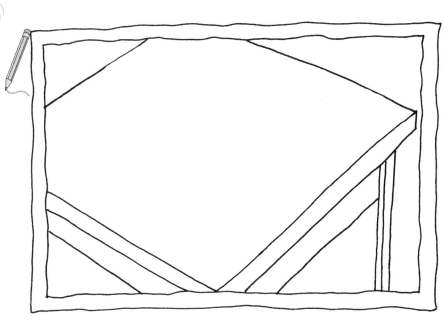

5 (a) Le foghlaim:

Cuir ort do chóta

(b) Líon na bearnaí:
1 An bhfuil do (bosca) _____ agat, a Sheáin?
2 Cá bhfuil do (mála) _____ , a Shíle?
3 Cén dath atá ar do (geansaí) _____, a Liam?
4 Ar fhág tú do (peann) _____ sa bhaile, a Nóra?
5 Chonaic mé do (Mamaí) _____ sa siopa inné.
6 Ní fhaca mé do (madra) _____ ar an Mháirt.

6 Ciorclaigh na focail.

cáca
caipín
snúcar
bronntanais
madra
sacar
carbhat
muc
rugbaí
léine
éan
stocaí
tarbh

c	á	c	a	g	r	é	f	o	p	s
a	d	s	n	ú	c	a	r	n	l	o
r	f	á	r	h	b	t	s	g	é	h
b	r	o	n	n	t	a	n	a	i	s
h	m	s	a	c	a	r	i	r	n	t
a	ó	b	m	a	r	b	p	ó	e	o
t	n	g	a	i	b	h	c	m	u	c
d	t	b	d	p	h	n	é	p	o	a
l	c	m	r	í	r	u	g	b	a	í
g	s	é	a	n	c	n	s	í	r	t

7 Rabhlóg

Fuair triúr fear ramhar trí euro sa pháirc.

Comhrá beirte/Comhrá baile

1 Cuir ceist ar do chara.

A

B

1 An ndúnfaidh mé an doras?

1 Sea, dún é, le do thoil.

2 An osclóidh mé an doras?

2 Sea, oscail é, le do thoil.

3 An ndúnfaidh mé an fhuinneog?

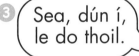

3 Sea, dún í, le do thoil.

4 Sea, oscail í, le do thoil.

4 An osclóidh mé an fhuinneog?

Comhrá: Cad a fheiceann tú sa phictiúr?
Cé atá san eitleán?
Cá bhfuil an t-eitleán/an t-aeróstach?

2 Dathaigh an pictiúr.

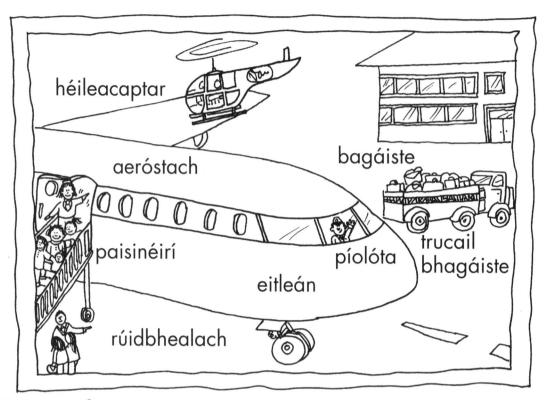

héileacaptar

aeróstach

bagáiste

paisinéirí

píolóta

trucail bhagáiste

eitleán

rúidbhealach

San aerfort

1 Tá mo chol ceathar ina chónaí i Sasana.
2 Cathal is aimn dó.
3 Tháinig sé go dtí mo theach Dé Sathairn seo caite.
4 Tháinig sé in eitleán mór.
5 Bhí mé san aerfort le Mamaí.
6 Thuirling an t-eitleán ar an rúidbhealach.
7 Tháinig na paisinéirí amach as.
8 Tháinig aeróstach amach as.
9 Bhí an-áthas orm nuair a chonaic mé mo chol ceathar.

Litriú

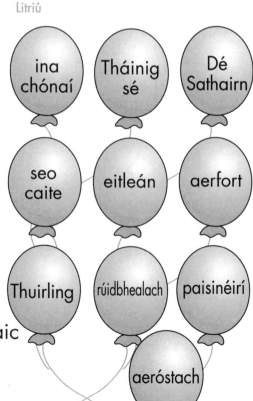

ina chónaí

Tháinig sé

Dé Sathairn

seo caite

eitleán

aerfort

Thuirling

rúidbhealach

paisinéirí

aeróstach

3 Ceisteanna

1 Cá bhfuil do chol ceathar ina chónaí?
2 Cad is ainm dó?
3 Cár thuirling an t-eitleán?
4 Cé a tháinig amach as ar dtús?
5 Cé a tháinig amach as ansin?

4 Seanfhocal

Tá nead bheag níos teo ná nead mhór.

5 (a) Le foghlaim:

geansaí tirim	geansaí fliuch	bosca trom	bosca éadrom
bata fada	bata gearr	uisce te	uisce fuar
eilifint ramhar	fear tanaí	capall mear	seilide mall

(b) Éist agus scríobh an focal 'fíor' nó 'bréagach'. CD Rian 32

1 Bhí bríste Eoin fliuch. _____
2 Shiúil Eoin isteach i siopa go mall. _____
3 Bhí an siopadóir tanaí. _____
4 Bhí mála trom ina láimh aige. _____
5 Bhí cóta fada air. _____
6 Rith Eoin abhaile go mear. _____

6 Le foghlaim:

Cad tá ar Shíle?

Tá eagla ar Shíle.

1 Seán	2 Pól	3 Máire	4 Ciara
áthas	brón	ionadh	fearg
5 Mamaí	6 Daidí	7 Seán	8 Neasa
tuirse	tart	ocras	náire

7   Líon na bearnaí:

1   Tá _____ Sheán.

2   Tá _____ Ph___.

3   _____.

4   _____.

5   _____.

6   _____.

7   _____.

8   _____.

8   Bris an cód agus scríobh na freagraí:

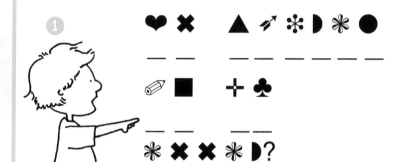

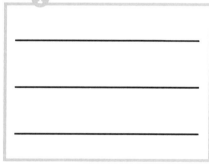

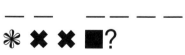

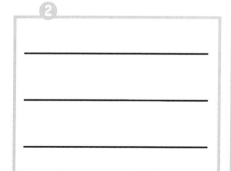

A	a	b	e	é	f	h	i	l	n	r	s	t	u
♥	✿	▲	♣	■	❋	➚	✳	●	✖	◻	✐	✚	◗

 **Cois Trá**   CD Rian 33

Bhí Eoin agus Ciara sa chistin.

Tháinig Mamó isteach.

"An rachaidh sibh cois trá liom, a pháistí?" arsa Mamó.

"Rachaimid cinnte," arsa na páistí.

"A Chiara," arsa Eoin, "an gcuirfidh tú na buicéid agus an spád isteach sa charr?"

"Cuirfidh mé," arsa Ciara, "ach ná déan dearmad ar an liathróid pheile."

Thiomáin Mamó na páistí cois trá.

Bhí an ghrian ag taitneamh agus bhí an spéir gorm.

Tar éis tamaill tháinig siad go dtí an trá.

rachaidh	Rachaimid	cinnte	buicéid	spád	Thiomáin

"Rachaimid ag snámh ar dtús," arsa Eoin.

Chuaigh an bheirt pháistí ag snámh.

Bhí spórt mór acu san uisce.

Ansin fuair siad na buicéid agus an spád.

Rinne siad caisleán ar an trá.

"Tá sé leathuair tar éis a cúig," arsa Mamó. "Tá sé in am dul abhaile."

Chuir na páistí gach rud isteach sa charr.

Thiomáin Mamó abhaile iad.

"Ar thaitin an trá libh?" arsa Mamó.

"Ó, thaitin sé go mór linn," arsa Ciara agus Eoin.

"Go raibh maith agat, a Mhamó."

| ag snámh | caisleán | leathuair | páistí | thaitin sé |

bróga salacha

Na Bróga Salacha CD Rian 34

Mamaí: A Chiara, cá bhfuil tú ag dul?

Ciara: Tá mé ag dul isteach sa seomra suí.

Mamaí: Ach féach ar do bhróga. Tá siad salach. Cá raibh tú?

Ciara: Bhí mé thíos sa pháirc ag imirt sacair.

Mamaí: Cé a bhí leat?

Ciara: Bhí mo chairde go léir ann. Bhí Nóra, Áine, Niamh agus Cathal ann.

Mamaí: Bhuel, bain díot do bhróga agus fág sa chistin iad.

Ciara: An gcuirfidh mé m'éadaí salacha sa mheaisín níocháin?

Mamaí: Cuir agus ná déan dearmad ar éadaí salacha Eoin a chur isteach ann freisin.

Ciara: Ní dhéanfaidh mé, a Mhamaí.

Mamaí: Maith an cailín thú, a Chiara.

meaisín níocháin

(a)

AMÁRACH AMÁRACH

Ná déan dearmad

Dún*faidh* mé
Dún*faidh* tú
Dún*faidh* sé
Dún*faidh* sí
Dún*faimid*
Dún*faidh* sibh
Dún*faidh* siad

Cuir*fidh* mé
Cuir*fidh* tú
Cuir*fidh* sé
Cuir*fidh* sí
Cuir*fimid*
Cuir*fidh* sibh
Cuir*fidh* siad

(b) Líon na bearnaí:

Glanfaidh mé

_____ tú

_____ ___

_____ ___

Glanfaimid

_____ sibh

_____ ____

Rithfidh mé

_____ ___

_____ ___

_____ sí

_____

_____ ____

_____ siad

2 (a)

1 aon bhád amháin   aon pháiste amháin

2 dhá bhád   beirt pháistí

3 trí bhád   triúr páistí

4 ceithre bhád   ceathrar páistí

5 cúig bhád   cúigear páistí

6 sé bhád   seisear páistí

7 seacht mbád   seachtar páistí

8 ocht mbád   ochtar páistí

9 naoi mbád   naonúr páistí

10 deich mbád   deichniúr páistí

(b) Líon na bearnaí:

1 aon charr amháin   aon chailín amháin

2 _____ _____   beirt _____

3 _____ _____   _____ _____

4 ceithre charr   _____ cailíní

5 _____ _____   cúigear _____

6 _____ charr   _____ _____

7 seacht _____   seachtar _____

8 _____ gcarr   _____ _____

9 _____ _____   _____ cailíní

10 _____ _____   _____ _____

LITRIÚ

1
Eoin
ainm
naoi
mbliana
deirfiúr
madra
agam
rang
maith
scoil

2
seomra
D'éirigh sé
maidin
Dhún sé
doras
Nigh
aghaidh
Fuair
tuáille
áthas

3
folctha
Shiúil sé
isteach
Chonaic sé
stocaí
Ansin
léine

Rinne sé
fearg
uirthi

4
seanathair
Shiúil sé
leabhragán
Ní fhaca
Léim sí
Bhain sí
ag súgradh
fuath
ina shuí
urlár

5
tolg
ag féachaint
teilifís
crúiscín
D'fhéach sí
Shiúil sé
sa chistin
D'oscail sé
Fuair
brioscaí

6
deasc
múinteoir
ag múineadh

ag éisteacht
ag canadh
ciúnas
gabh
leithscéal
rógaire
anois

7
mo bhricfeasta
Faighim
calóga
sa bhabhla
Cuirim
bainne
spúnóg
siúcra
Ithim
ocras

8
An bhialann
isteach
biachlár
D'fhéach sí
Fuair sí
sceallóga
feoil
prátaí
cairéid
Thaitin

9
oíche
páistí
D'ith sí
milseáin
cnónna
D'ól sí
D'imir siad
cluiche
timpeall
ag screadach

10
shiúil sí
sa chistin
calóga arbhair
D'oscail sí
Thosaigh sí
mála scoile
chuir sí
amuigh
ar an mbóthar
carranna

11
teilifís
D'fhéach mé
aréir
cartún
maith
Thaitin sé
Ansin

drochchartún
Níor fhéach mé
scannán

12
cianrialtán
An bhfuil?
D'fhéach sé
faoin tolg
faoin mbord
idir
cúisíní
Shuigh sé
Tar éis tamaill
ina chodladh

13
litir
Scríobh
aréir
pianó
eitleog
giotár
ríomhaire
uaithi
isteach
shiúil sí

14
siopa
glasraí
cheannaigh sí
oinniúin
tornapaí

cabáiste
leitís
fiche euro
sóinseáil
abhaile

15
Chuaigh sé
isteach
Fuair sé
clár scátála
urlár
Sheas sé
Shleamhnaigh sé
féidir
siopadóir
D'imigh sé

16
sa chathair
ag féachaint
teilifís
cainéal
Shiúil siad
amháin
an fhuinneog
eitleog
bosca ceoil
sceallóga

17
Rachaidh mé
linn snámha
Cuirfidh mé

mo chulaith
uisce
Tosóidh mé
ag snámh
seomra
tuáille
abhaile

18
Cluichí
ríomhaire
Rithfidh mé
tráthnóna
Déanfaidh mé
mo cheachtanna
Rachaidh mé
Imreoidh mé
sacar
rugbaí

19
codlata
anocht
Cuirfidh sé
stocaí
radaitheoir
Caithfidh sé
a bhróga
Fágfaidh sé
a gheansaí
a bhuataisí

20
Ceannóidh mé

earrach
bróga dearga
Cuirfidh mé
siopa
bróga dubha
bróga gorma
caoga
euro
siopadóir

21
Dé Luain
Dé Máirt
Dé Céadaoin
Déardaoin
Dé hAoine
Dé Sathairn
Dé Domhnaigh
aimsir
an ghrian
sneachta

22
gaofar
lá saoire
an ghaoth
ag séideadh
go láidir
shéid sí
caipín
fíochmhar
sa ghairdín
Tháinig sé

23	24	25	26
rothar	Breithlá	ina chónaí	Rachaidh
chuaigh	cóisir	Tháinig sé	Rachaimid
Thit sé	cairde	Dé Sathairn	cinnte
ar an mbóthar	bronntanais	seo caite	buicéid
Tháinig sé	cártaí	eitleán	spád
an t-otharcharr	leabhair	aerfort	ag snámh
an t-ospidéal	boscaí	Thuirling	caisleáin
dochtúirí	Rinne sí	rúidbhealach	leathuair
plástar	blasta	paisinéirí	páistí
Thaitin	Thaitin	aeróstach	thaitin sé

DÁNTA

Táim Láidir CD Rian 3

I

'Táim láidir', arsa an bláth
Nuair a shéid an ghaoth;
Ach tháinig bó
Agus d'ith sí é.

II

'Táim láidir', arsa an bhó
Ins an bpáirc ina luí;
Ach tháinig fear
Agus mharaigh sé í.

II

'Táim láidir', arsa an fear
Lena mhac Tomás;
Ach tháinig an lá
Agus fuair sé bás.

III

Níl aon duine láidir
Níl ionainn ach cré;
Níl aon duine láidir
Ach Críost, Mac Dé.

Lionard Ó hAnnaidh

Rúfaí CD Rian 10

Bhí Rúfaí sa rang,
Ag faire is ag faire,
Bhí luch sa pholl
Ina codladh sa leaba.

Dhúisigh an luch
Is tháinig sí amach.
Léim mo Rúfaí
Ach d'éalaigh an luch.

Mo Choileán CD Rian 12

Tá coileán agam,
Coileán deas óg,
Thug Daidí dom é
Mar bhí mé a naoi.

Bímid ag súgradh,
Bímid ag rith,
Bímid ag léim
Le háthas linn féin.

Itheann sé arán,
Itheann sé feoil,
Líonn sé cnámh
Is codlaíonn go sámh.

An Bronntanas CD Rian 20

As go brách le San Nioclás
Is d'fhág sé bosca buí,
Thíos faoin gcrann mór glas
I lár an tseomra suí.

Dhúisigh Niamh go luath
Is shiúil go dtí an crann.
D'oscail sí an bosca
Is cad é a bhí an?

Róbat deas mór liath
Is solas ar a cheann,
Gháir Niamh os ard
Le háthas is le fonn.

An Tíogar CD Rian 25

Bhí an tíogar ag siúl
Istigh ina chás,
Síos suas, suas síos
Gan stad gan scíth.

Chas sé is d'fhéach sé
Is chonaic sé madra.
Lig sé búir as
A ruaig é go pras.

Lean an tíogar ag siúl
Istigh ina chás,
Síos suas, suas síos
Gan stad gan scíth.

An tEarrach CD Rian 29

Tá an t-earrach ann anois
Is tá na héin ag canadh.
Tá cróch sna páirceanna
Is uain óga ag damhsa.

Tiocfaidh na duilleoga
Ar gach sceach agus crann.
Imeoidh an aimsir fhuar
Is aimsir bhreá a bheidh ann.

An Fómhar CD Rian 29

An Fómhar! An Fómhar!
Is maith liom é, a stór!
Sméara dubha ag fás go tiubh –
Déanfaidh mé – is Mamaí – subh!

An Fómhar! An Fómhar!
Is maith liom é, a stór!
Sméara dubha ramhra
I gcanna sa chuisneoir.

An Fómhar! An Fómhar!
Is maith liom é, a stór!
Na sméara dubha – ó mo léir!
D'ith mé iad go léir!

Gabriel Fitzmaurice

Bláthanna CD Rian 29

Tá bláthanna deasa ag fás sa
  ghairdín,
Tiúilip is cróch agus lus an
  chromchinn,
Dearg is bán,
Órga is buí,
Im' ghairdín beag álainn
Os comhair an tí.

Nóríde Ní Mhuimhneacháin